________________ 님의 소중한 미래를 위해

이 책을 드립니다.

데일 카네기의
인간관계론

인간관계를 열어주는 데일 카네기 아포리즘

데일 카네기의 인간관계론

데일 카네기 지음 | 정영훈 엮음 | 윤효원 옮김

메이트북스

메이트북스 우리는 책이 독자를 위한 것임을 잊지 않는다.
우리는 독자의 꿈을 사랑하고,
그 꿈이 실현될 수 있는 도구를 세상에 내놓는다.

데일 카네기의 인간관계론

초판 1쇄 발행 2024년 4월 25일 | **지은이** 데일 카네기 | **엮은이** 정영훈 | **옮긴이** 윤효원
펴낸곳 (주)원앤원콘텐츠그룹 | **펴낸이** 강현규·정영훈
편집 안정연·신주식·이지은 | **디자인** 최선희
마케팅 김형진·이선미·정채훈 | **경영지원** 최향숙
등록번호 제301-2006-001호 | **등록일자** 2013년 5월 24일
주소 04607 서울시 중구 다산로 139 랜더스빌딩 5층 | **전화** (02)2234-7117
팩스 (02)2234-1086 | **홈페이지** matebooks.co.kr | **이메일** khg0109@hanmail.net
값 11,000원 | **ISBN** 979-11-6002-886-7 03190

잘못 만들어진 책은 구입하신 서점에서 교환해 드립니다.
이 책을 무단 복사 · 복제 · 전재하는 것은 저작권법에 저촉됩니다.

"『데일 카네기의 인간관계론』은
내 인생을 바꿔준 책이다.
나는 그에게 인생에서 가장 중요한 것을 배웠다."

• 워런 버핏(세계적인 투자자) •

"『데일 카네기의 인간관계론』은
미국 역사상 가장 영향력 있는 책이다.
미국을 빛어낸 책이라고 할 수 있다."

• 미국 의회도서관 •

지은이의 말

내가 이 책을 쓴 방법과 쓰게 된 이유

나는 1912년부터 뉴욕의 사업가와 전문직 인력들을 대상으로 교육 과정을 진행해왔다. 처음에는 대중 앞에서 침착하게 말할 수 있도록 성인들을 교육하는 과정이었다. 하지만 시간이 지날수록 효과적인 말하기 훈련만큼이나 일상의 비즈니스와 사회적 관계에서 사람들과 잘 지내는 방법을 성인들이 훈련할 필요가 있다는 사실을 깨달았다.

더불어 나 또한 그러한 훈련이 필요하다는 사실도 알게 되었다. 이제 와서 지난 몇 년간을 돌아보면, 내 능력과 이해가 얼마나 부족했는지 충격적일 정도다. 이런 책이 20년 전에 있었다면 얼마나 좋았을까? 정말 값지게 사용했을 텐데 말이다!

사람을 상대하는 일은 아마도 당신이 마주한 가장 중요한 문제일 것이다. 특히 당신이 사업가라면 더욱 그러할 것이다. 당신이 회계사거나, 주부, 건축가 또는 엔지니어여도 마찬가지다.

몇 년 전 카네기재단의 후원으로 이루어진 연구 조사가 있었다. 조사 결과 매우 중요하고 의미 있는 사실을 발견했는데, 이후 카네기

공과대학에서도 추가 연구를 통해 이 사실을 확인해주었다. 이 연구에 따르면 공학 등 기술 분야에서조차 개인의 기술 지식이 금전적 성공에 미치는 영향은 15%에 불과했고, 나머지 약 85%는 인간 공학, 즉 인성과 리더십이 좌우했다.

이 책을 준비하면서 이 주제에 대한 모든 글을 읽었다. 여기에 더해 숙련된 연구원을 고용해서 1년 반 동안 여러 도서관에서 내가 놓쳤을 수 있는 모든 책을 읽도록 했다. 심리학에 관한 학구적인 책을 샅샅이 뒤지고, 수백 가지 잡지 기사를 자세히 읽고, 수많은 전기를 철저히 찾아보고, 모든 시대의 위인들이 다른 사람들을 어떻게 대했는지 확인하려고 노력했다. 우리는 시간과 비용을 아끼지 않고 모든 시대에 걸쳐 친구를 사귀고 사람들에게 영향을 미치는 데 사용된 모든 실용적인 방법을 반드시 찾아내려 했다. 개인적으로는 세계적인 명성을 얻은 다수의 성공한 사람들을 정말 많이 인터뷰해, 그들이 인간관계에서 사용했던 기법들을 찾아내려 노력했다.

이 모든 자료를 가지고, 나는 짧은 강연을 준비했다. 강연의 제목은 '친구를 만들고 사람들에게 영향을 미치는 방법'이었다. 내가 '짧은' 강연이라고 말한 이유는 처음에는 짧은 강연이었지만 지금은 1시간 30분이 소요되는 강의로 확장되었기 때문이다.

여러 해 동안 나는 뉴욕에서 카네기 연구소 과정에서 성인들을 대상으로 매 시즌 강연했다. 나는 강의 후 수강한 사람들에게 직장이나 사회적 관계에서 만나는 사람들에게 실험해보고 강의 시간에 그들의 경험과 실험 결과를 알려달라고 권했다. 정말 흥미로운 과제였다. 자기계발에 목말랐던 사람들은 새로운 유형의 실험실, 즉 성인들을 대상으로 인간관계에 대한 최초이자 유일한 실험실에서 일한다는 생각에 매력을 느꼈다.

이 책은 일반적인 언어로 쓰인 책이 아니다. 이 책은 마치 아이가 성장하듯 인간관계 실험실에서, 수천 명에 달하는 사람들의 경험을 바탕으로 성장하고 발전했다.

몇 년 전, 우리는 우편엽서 정도 크기의 카드에 인쇄한 원칙을 가지고 시작했다. 다음 시즌에는 좀 더 큰 카드, 그다음에는 전단지, 그리고 일련의 책자로, 매번 크기와 범위가 확대되었다. 그리고 15년 동안의 실험과 연구 결과, 이 책이 탄생했다.

이 책에 적어둔 원칙들은 그저 이론이나 추측에 불과한 것들이 아니다. 이 원칙들은 마치 마법처럼 작용한다. 믿기 어려울 수 있지만 나는 이 원칙들을 적용했을 때 많은 사람의 삶이 그야말로 획기적으로 변화하는 모습을 목격했다.

예를 들어 지난 시즌에 314명의 직원을 둔 남성이 수업에 참여했다. 그는 여러 해 동안 거리낌 없이 직원들을 몰아붙이고 비판하고 비난했다. 친절이나 감사의 표현 또는 격려는 그에겐 기대할 수 없는 일이었다. 하지만 이 책에서 논의한 원칙들을 배운 후 그는 자신의 인생철학을 완전히 바꾸었다. 이제 그가 이끄는 조직은 새로운 충성심과 열정, 팀워크로 가득하다. 314명의 적이 314명의 친구로 돌아섰다. 그는 수업에서 이렇게 자랑스럽게 말했다. "예전에는 회사에서 걸어다니면 아무도 내게 아는 척을 하지 않았습니다. 하지만 이제는 직원 모두가 내 친구가 되었고, 심지어 경비원도 제 이름을 친근하게 불러요." 이제 이 사장은 수익도 예전보다 더 많이 올리고, 여가 시간도 늘어났다. 무엇보다 그는 일터와 가정에서 훨씬 더 많은 행복을 느끼고 있다.

수많은 영업사원이 이 원칙을 적용해 판매고를 가파르게 올렸다. 이전에는 헛수고로 돌아갔던 거래들이 새로 체결되는 경우도 많았다. 임원의 경우 더 많은 권한이 주어지고, 연봉도 높아졌다. 필라델피아 가스 웍스(Philadelphia Gas Works) 사의 한 임원은 적대적인 태도와 직원들을 능숙하게 이끄는 리더십 부족으로 좌천 위기에 놓여 있었다. 하지만 이 교육을 통해 65세의 나이에 오히려 승진하면서 연봉도 높아졌다.

프린스턴대학교의 전 총장인 존 히벤(John G. Hibben) 박사는 이렇게 말했다. "교육은 인생에서 마주하는 상황에 대처할 수 있는 능력이다." 만약 이 책을 읽고 나서도 인생에서 마주하는 상황에 대처하는 능력이 길러지지 않는다면 당신에게 이 책은 완전한 실패작이라고 할 수 있다. 허버트 스펜서(Herbert Spencer, 영국의 사회학자이자 철학자—옮긴이)가 말했듯이 "교육의 위대한 목표는 지식이 아니라 행동"이기 때문이다. 그런 면에서 이 책은 '행동'을 위한 책이다.

데일 카네기

Dale Carnegie

엮은이의 말

인간관계가 깊어지고 삶의 지혜가 생기다!

이 책은 '인간관계의 바이블'이자 '시대를 초월한 인간관계 지침서'로 평가받는 위대한 책이다. 워낙 영향력 있는 책이다 보니 〈타임〉은 이 책을 '최고의 자기계발서'로 선정했고, 미국 의회도서관은 '미국 역사상 가장 영향력 있는 책'으로 선정했다. 또한 워런 버핏, 존 F. 케네디, 버락 오바마, 조지 부시, 스티븐 코비가 강력 추천하는 등 세계적 리더들에게 많은 영감과 도움을 주었으며 그들의 인생 길잡이가 된 책으로도 유명하다. 1936년에 출간된 이후 전 세계에서 1억 부가 판매되고 30개 이상의 언어로 번역된 글로벌 베스트셀러이기도 하다.

이 책이 출간된 지 80년 넘게 이토록 엄청난 영향력을 발휘하고 있는 이유는 무엇일까? 그 이유는 자명하다. 인간의 본성을 꿰뚫는 예리한 통찰로 인간관계에서 겪는 고민에 대해 명쾌하고 실질적인 해답을 주기 때문이다. 특히 21세기 들어 개인화가 극심해지면서 인간관계를 맺는 데 고충을 토로하는 이들이 많아지고 있기에 이 책이 더욱 빛을 발하고 있다. '내 인간관계가 왜 이럴까?'라는 생각이 든다면 이 책이 분명한 해답을 제시해줄 것이다.

데일 카네기는 이 책에서 사람을 다루는 3가지 핵심 기술, 사람들이 당신을 좋아하게 만들 6가지 방법, 사람들을 설득하는 12가지 방법, 기분 상하지 않게 그를 바꾸는 9가지 방법 등을 제시한다. 누구나 아는 내용일 수도 있고, 언뜻 보면 뻔한 말이라고 치부할 수도 있지만 그 안에 인간관계의 본질이 있기에 이 책은 고전의 반열에 오를 수 있었다. 데일 카네기가 전하는 인간관계의 원칙들 중에서 특히 와닿는 핵심적인 몇 가지를 소개하자면 다음과 같다.

첫째, '비판하거나 비난하거나 불평하지 마라!' 비판은 사람을 방어적으로 만들고 스스로 정당화하도록 만들기 때문에 무의미하다. 비판하면 상대방은 소중한 자존심과 자존감에 상처를 입게 되고, 분노가 일게 된다. 우리가 바로잡거나 비난하려는 대상은 자신을 정당화하고 그 대신 우리를 비난할 것이라는 사실을 깨달아야 한다. 다른 사람을 비판하고 비난하는 대신 이해해보자. 그들이 하는 행동의 이유를 이해하기 위해 노력해보자.

둘째, '그의 관점에서 생각해 욕구를 불러일으켜라!' 다른 사람들은 당신이 원하는 것에 관심이 없다. 우리 모두 마찬가지다. 오직 우리는 우리 자신이 원하는 것에만 관심을 둔다. 다른 사람에게 영향을 미칠 수 있는 방법은 오직 하나다! 상대가 원하는 것에 대해 이야기하고 그것을 얻을 수 있는 방법을 보여주는 것뿐이다

셋째, '그의 이름을 잘 기억해 어렵지 않게 불러주라!' 사람들은 세상 모든 사람들의 이름을 합친 것보다 자기 이름에 더 많은 관심을

둔다. 이름을 기억하고 편하게 불러주는 것만으로도 상대에게 미묘하지만 매우 효과적인 칭찬을 한 셈이라는 사실을 기억하자.

넷째, '그가 중요한 사람임을 진심을 담아 이야기해줘라!' 언제나 상대방이 중요한 사람이라는 생각이 들도록 대해야 한다. 중요한 사람이 되고 싶은 욕망은 가장 근본적인 인간 본성이다. 사람들은 자기 세상 안에서는 중요한 사람이라는 느낌을 받고 싶어 하며, 진실하지 않은 싸구려 아첨이 아닌 진정한 인정을 원한다. 그러니 그에게 진정한 인정을 건네자.

다섯째, '상대방이 틀렸다고 절대 이야기하지 마라!' 절대로 '내가 무엇을 당신에게 증명하겠다'라는 식으로 대화를 시작해서는 안 된다. 나쁜 방법이다. 이는 '나는 당신보다 똑똑하다. 내가 한 수 가르쳐 줄 테니 생각을 바꿔라'고 말하는 것과 마찬가지다. 무언가를 증명하려 한다면, 아주 교묘하고 영리한 방법을 사용해 아무도 당신이 증명하고 있다는 사실을 느끼지 못하게 해야 한다. 제발 불편한 진실을 상대방에게 관철하려 하지 마라. 상대방에게 틀렸다고 지적해봤자 아무 소용이 없다.

이 책은 너무나 위대하고 얻어갈 게 많은 그야말로 보석 같은 책이지만 아쉬운 점도 분명 있다. 고대나 중세에 쓰여진 어려운 철학 인문고전이 아님에도 불구하고 읽는 동안 생각보다 몰입이 쉽지 않다. 그 이유는 설명이 다소 장황하고 지루해서다. 그래서 의외로 대부분 완독을 포기하게 된다. 즉 워낙 많은 상황과 사례가 끊임없이 소개되고 있는 데다가 각 사례의 길이가 때로는 너무 장황하고 길어서 건너

뛰며 대충 읽게 되기도 하고, 대부분의 사례가 미국에서 일어난 실제 사건 중심이라 우리에게는 생소한 미국 이름과 기업명이 너무 많이 언급되는 것도 그 지루함에 한몫 한다. 그리고 20세기 초에 집필된 책이다 보니 시대에 맞지 않는 내용과 사례도 더러 눈에 띈다. 그래서 이 책의 편역을 결심하면서 내용이 너무 길거나 와닿지 않는 사례는 과감히 삭제하거나 내용을 간추려 가독성을 키우는 데 집중했다.

또한 이 책의 원서에는 부제목과 장제목만 존재하고 별도의 중간 제목이 달려 있지 않은데, 이 같은 편집 형식 또한 지루하게 읽히는 원인임을 감안해 이 편역서에서는 원서의 편집 체제를 완전히 새롭게 다듬었다. 즉 중간제목 없이 계속 나열되는 원서의 편집체제와는 달리 본문의 내용을 변별력 있게 118개의 칼럼으로 나누어 각 칼럼 제목을 일일이 편역 과정에서 새로 달았기에 마치 아포리즘처럼 부담 없이 끝까지 술술 읽어나갈 수 있을 것이다.

장담하건대 이 편역서는 기존의 완역본을 이미 읽어낸 독자들에게는 주옥같은 이 책의 핵심 내용들을 다시금 되새겨볼 수 있는 좋은 기회를 제공할 것이며, 완독에 실패했거나 아직 읽을 엄두가 안 나 읽지 못한 이들에겐 즐겁게 읽어나가며 카네기 철학의 정수를 만끽할 기회를 제공할 것이다. 아무쪼록 21세기의 독자들이 이 편역서를 통해 『데일 카네기의 인간관계론』을 더욱 흥미롭게 완독해 인생의 영원한 지침서로 삼길, 그리하여 인생이 더욱 풍요롭고 행복해지길 진심으로 바란다.

차례

4부

기분 상하지 않게 그를 바꾸는 9가지 방법

How to Win Friends
and Influence people

1부

사람을 다루는
3가지 핵심 기술

Dale Carnegie

1장

비판하거나 비난하거나 불평하지 마라

다른 사람을 꾸짖는 일이 어리석다는 사실을 깨닫자

존 워너메이커(John Wanamaker, 미국의 백화점 왕 — 옮긴이)는 이렇게 고백한 적이 있다. "나는 이미 30년 전에 다른 사람을 꾸짖는 일이 어리석다는 사실을 깨달았다. 나의 한계를 극복하는 것만으로도 벅차다."

워너메이커는 다른 사람을 꾸짖기보다 나를 꾸짖어야 한다는 교훈을 일찍 깨달았다. 하지만 나는 대부분의 사람들이 어떤 잘못을 저지르더라도 100번 중 99번은 자신을 비판하지 않는다는 사실을 30년이 넘는 시간이 흐르고 나서야 이해하기 시작했다.

비판은 사람을 방어적으로 만들고 스스로 정당화하도록 만들기 때문에 무의미하다. 비판하면 상대방은 소중한 자존심과 자존감에 상처를 입게 되고, 분노가 일게 된다.

독일 군대의 예를 들어보자. 독일 군대는 어떤 일이 생겼을 때 병사들이 즉각적으로 항의하거나 비판하지 못하게 하고, 일단 하룻밤을 보내면서 분한 마음을 가라앉히게 한다. 만약 즉각적으로 항의하면 처벌을 받게 된다. 독일 군대의 이러한 법은 민간인에게도 적용되어야 한다. 불평을 늘어놓는 부모, 잔소리하는 아내, 핀잔을 주는 고용주, 지적하는 모든 거만한 사람들을 위한 법이 필요하다.

내가 날린 비판의 화살은
반드시 내게로 돌아온다

잘못을 저지르는 사람들은 자신을 제외한 다른 모든 사람을 비난한다. 우리 모두는 대개 다 그렇다.

하지만 비판은 편지를 전달하는 비둘기와도 같다. 이 비둘기들은 어김없이 집으로 다시 돌아온다. 즉 우리가 바로잡거나 비난하려는 대상은 자신을 정당화하고 그 대신 우리를 비난할 것이라는 사실을 깨달아야 한다.

비판을 받지 않으려면 비판하지 말라

1865년 4월 15일 토요일 아침, 존 부스(John Booth)에게 저격당한 에이브러햄 링컨(Abraham Lincoln, 미국의 제16대 대통령 — 옮긴이)은 포드 극장(Ford's Theatre) 바로 맞은편에 있는 싸구려 여인숙 문간방에 누워 죽어가고 있었다. 링컨의 키에 비해 짧은 푹 꺼진 침대에 그의 커다란 몸이 사선으로 눕혀 있었다. 로자 보뇌르(프랑스의 화가 — 옮긴이)의 유명한 작품 〈말 시장(The Horse Fair)〉의 싸구려 모조품이 침대 위에 걸려 있었고, 어두침침한 가스등의 노란 불빛이 깜박거렸다. 죽어가는 링컨을 보며 당시 육군장관 스탠튼(Edwin M. Stanton)은 "세계 역사상 가장 완벽한 통치자가 여기 누워 있다"라고 말했다.

링컨이 사람을 대하는 데 성공했던 비결은 무엇이었을까? 나는 10년 동안 링컨의 삶에 대해 연구했으며, 꼬박 3년을 바쳐 『나의 멘토 링컨(Lincoln the Unknown)』을 집필했다. 나는 링컨의 성격과 가정사에 대해 그 누구보다 꼼꼼하고 철저하게 조사했고, 특히 링컨이 사람을 대하는 방식에 대해 큰 관심을 가지고 연구했다.

링컨은 비판을 즐겨 했을까? 물론 그랬다. 인디애나(Indiana) 주 피전 크릭 밸리(Pigeon Creek Valley)에 살던 젊은 시절 링컨은 비판만 했을 뿐 아니라 다른 사람들을 조롱하는 편지와 시를 써서 그들이 발견할 만한 곳에다 떨어뜨려놓았다. 이 편지들은 상대방에게 평생토록 지속될 분노를 불러일으켰을 것이다.

링컨이 일리노이 주 스프링필드에서 변호사로 활동할 때에도 링컨은 신문에 편지를 기고해 상대편을 공개적으로 공격했다. 그런데 그런 일이 너무 빈번했다.

1842년 가을, 링컨은 제임스 쉴즈(James Shields)라는 거만하고 호전적인 아일랜드 출신 정치인을 조롱한 적이 있다. 링컨은 〈스프링필드 저널〉이라는 신문에 익명으로 편지를 써서 쉴즈를 조롱했고, 이 편지를 본 지역 사람들 전체가 폭소를 터뜨렸다. 이에 예민하고 자존심이 강한 쉴즈의 분노가 끓어올랐고, 쉴즈는 누가 편지를 썼는지 찾아내 말을 타고 링컨에게 결투를 신청했다.

링컨은 싸우고 싶지 않았다. 결투에 반대하는 입장이었지만, 결투하지 않고 명예를 지킬 방법이 없었다. 결국 링컨은 무기를 골라야 했는데, 팔이 길었던 링컨은 기마병이 쓰는 폭넓은 칼을 선택해서 육군사관학교 졸업생에게 칼싸움 교육을 받았다.

드디어 결투의 날이 되었고, 링컨과 쉴즈는 미시시피강 모래톱에서 죽을 때까지 싸울 각오로 서로를 마주했다. 하지만 마지막 순간에 결투 입회인들이 끼어들어 결투를 중단시켰다.

이 결투는 링컨의 인생에서 개인적으로 가장 충격적인 사건이었다. 이 사건으로 링컨은 사람을 대하는 기술에 대해 귀중한 교훈을 얻었다. 이 사건 이후에 링컨은 다시는 남을 모욕하는 편지를 쓰지 않았으며, 다른 사람을 조롱하지도 않았다. 그리고 그 이후로 어떤 일이 있어도 누군가를 비판하는 일이 거의 없었다.

남북전쟁 중에 링컨은 여러 번 포토맥 군 책임자로 새로운 장군을 임명해야 했다. 하지만 맥클레란(McClellan), 포프(Pope), 번사이드(Burnside), 후커(Hooker), 미드(Meade) 등 모두가 돌아가면서 엄청난 실수를 저질렀고, 링컨은 크게 실망했다. 국민의 절반이 이 무능한 장군들을 혹독하게 비난했지만 그럼에도 링컨은 "누구에게도 악의를 품지 말고, 모든 사람에게 관용을 베풀라"고 말하며 평화를 유지했다. 링컨이 좋아했던 인용구 중 하나가 "비판을 받지 아니하려거든 비판하지 말라"는 성경 구절이었다.

링컨 부인과 다른 사람들이 남부 사람들에 대해 거친 말을 쏟아낼 때도 링컨은 "그들을 비난하지 마세요. 우리도 그 상황이라면 그들과 다르지 않을 겁니다"라고 반응했다.

시어도어 루스벨트(Theodore Roosevelt, 미국의 제26대 대통령 — 옮긴이)는 대통령 재임 시절 복잡한 문제를 마주할 때면 뒤로 기대어 앉아 백악관 집무실 책상 위에 걸려 있는 커다란 링컨 초상화를 올려다보며 자신에게 묻곤 했다. "링컨 대통령이 내 입장이었다면 어떻게 했을까? 이 문제를 어떻게 해결했을까?"

자, 당신이 앞으로 누군가 질책하고 싶어지면 링컨을 떠올리면서 이렇게 질문해보자. "링컨 대통령이었다면 이 문제를 어떻게 해결했을까?"

남을 바꾸려 하기 전에 내가 바뀌는 게 우선이다

누군가를 바꾸고, 단속하고, 개선하고 싶은가? 잘된 일이다! 괜찮다. 그 생각에 찬성한다.

그렇다면 이 생각을 자신에게 먼저 적용해보면 어떨까? 전적으로 이기적인 관점에서 생각해봐도, 다른 사람을 바꾸기보다 자신을 더 나은 사람으로 만드는 것이 훨씬 유익하고, 물론 훨씬 덜 위험하다.

로버트 브라우닝(Robert Browning, 영국의 시인이자 극작가—옮긴이)은 "자신과의 싸움을 먼저 시작하는 사람이 가치 있는 사람이다"라고 말했다. 지금부터 시작하더라도 크리스마스는 되어야 자신을 완벽하게 만들 수 있을 것이다. 그다음에 크리스마스 연휴 동안 편하게 긴 휴식을 즐기고 새해부터 다른 사람을 마음껏 단속하고 비판해도 된다.

남을 바꾸려 하기 전에 자신을 완벽한 사람으로 만드는 일이 우선이다. 공자(孔子)는 이런 말을 했다. "내 집의 문 앞이 지저분한데 이웃의 지붕 위에 눈이 덮였다고 불평하지 마라."

우리가 상대하는 대상은
감정적인 생명체이다

만약 오랫동안 마음에 맺혀 죽을 때까지 지속될 만한 분노를 일으키고 싶다면, 상대방에게 '조금 신랄한' 비판을 하면 된다. 아무리 정당한 비판이라고 확신해도 마찬가지다.

사람을 대할 때 우리가 상대하는 대상이 논리적인 생명체가 아님을 기억하자. 우리는 '편견으로 가득 차 있고 자존심과 허영심으로 움직이는 감정적인 생명체'를 대하고 있는 것이다.

또한 비판은 자존심이라는 화약고에 폭발을 일으킬 수 있는 위험한 불꽃이며, 이 폭발로 죽음이 앞당겨질 수도 있음을 명심하자. 레너드 우드(Leonard Wood, 미국의 제5대 육군참모총장 — 옮긴이) 장군은 비판을 받고 프랑스 출정을 허락받지 못했는데, 이 일로 자존심에 상처를 받은 탓에 생명이 단축되었다. 영국 문학을 풍요롭게 한 최고의 소설가 중 한 명인 예민한 성격의 토머스 하디(Thomas Hardy, 『테스』의 작가 — 옮긴이)도 혹평을 받고 다시는 소설을 쓰지 않았다.

다른 사람의 험담 대신
그의 장점들을 이야기하자

젊었을 때는 요령이 부족했으나 후에는 노련해진 벤저민 프랭클린 (Benjamin Franklin, 미국의 정치인 — 옮긴이)은 사람들을 대하는 데 매우 능숙해 프랑스 주재 미국대사로 임명되었다.

프랭클린의 성공 비법은 무엇이었을까? 그는 자신의 성공 비법에 대해 "나는 다른 사람의 험담을 하지 않고, 내가 아는 모든 사람의 모든 장점을 이야기합니다"라고 말했다.

모든 것을 아는 것은 모든 것을 용서하는 것이다

어떤 바보라도 비판하고, 비난하고, 불평을 늘어놓을 수 있다. 그리고 대부분의 바보가 그렇게 한다. 그러나 이해심 깊고 너그러운 사람이 되려면 좋은 인성과 자기통제가 필요하다.

토머스 칼라일(Thomas Carlyle, 영국의 비평가이자 사학자 — 옮긴이)은 이런 말을 남겼다. "위대한 사람은 보잘것없는 사람을 대하는 방식을 통해 자신의 위대함을 드러낸다."

다른 사람을 비판하고 비난하는 대신 이해해보자. 그들이 하는 행동의 이유를 이해하기 위해 노력해보자. 비판보다 훨씬 유익하고 흥미로우며, 공감과 인내와 친절을 불러올 것이다. '모든 것을 아는 것은 모든 것을 용서하는 것이다'라는 간단한 진리를 기억하자.

새뮤얼 존슨(Samuel Johnson, 영국의 시인이자 평론가 — 옮긴이) 박사는 이렇게 말했다. "하나님도 마지막 때가 올 때까지 사람을 심판하지 않겠다고 말씀하셨습니다."

하나님도 이러할진대, 당신과 내가 누군가를 심판해서야 되겠는가?

2장

가식이 아닌 진심으로 인정하고 칭찬하라

상대방이 원하는 것을 줘야만 무언가를 시킬 수 있다

이 세상에서 누군가가 무언가를 할 수 있게 만드는 방법은 오직 단 하나뿐이다. 바로 '그 사람이 그 일을 하고 싶게 만드는 것'이다. 이 방법 외에 다른 방법은 없다는 사실을 반드시 기억하길 바란다.

물론 누군가의 옆구리에 총을 겨누고 시계를 뺏을 수 있다. 또는 해고하겠다고 직원을 협박해서 앞에서는 협조하게 만들 수도 있다. 아이를 때리고 위협해서 당신이 원하는 대로 행동하게 할 수도 있다. 하지만 이렇듯 거친 방식은 아주 바람직하지 못한 영향을 미친다.

내가 당신에게 무언가를 시킬 수 있는 방법은 오직 하나다! 당신이 원하는 것을 내가 주는 것이다.

세상의 모든 사람들은
중요한 사람이 되고 싶어 한다

당신은 무엇을 원하는가? 사람들은 무엇을 원하는가?

20세기의 가장 뛰어난 심리학자 중 한 명인 오스트리아 출신 지그문트 프로이트(Sigmund Freud, 정신분석의 창시자—옮긴이)는 당신과 내가 하는 모든 행동은 2가지 동기에서 기인한다고 주장했다. 그것은 바로 '성적 충동'과 '위대해지고 싶은 욕망'이다.

미국의 가장 통찰력 있는 철학가라고 할 수 있는 존 듀이(John Dewey, 시카고학파의 창시자—옮긴이)는 이 주장을 조금 다르게 표현했다. 듀이는 인간의 본성에서 가장 깊은 충동은 '중요한 사람이 되고 싶은 욕망'이라고 말했다. '중요한 사람이 되고 싶은 욕망'이라는 문장을 반드시 기억하자. 매우 중요한 문장이다. 이 책을 읽는 동안 이 문장을 자주 보게 될 것이다.

당신은 무엇을 원하는가? 아마 많은 것을 원하진 않을 것이다. 하지만 그 몇 안 되는 원하는 것을 강하게 원하게 마련이다. 보통의 평범한 사람들이 원하는 것은 다음과 같다.

- 건강과 생명의 보존
- 음식
- 수면
- 돈과 돈으로 살 수 있는 것들
- 죽음 이후의 삶
- 성적(性的) 만족
- 자녀의 행복
- '중요한 사람'이라는 느낌

이러한 것들은 대부분 충족되기 마련이다. 마지막의 단 하나만 제외하면! 음식이나 잠처럼 간절하고 반드시 필요하지만 살아가면서 쉽게 충족되기 어려운 한 가지 열망이 있다. 프로이트는 이 열망을 '위대해지고 싶은 욕망'이라고 불렀고, 듀이는 '중요한 사람이 되고 싶은 욕망'이라고 불렀다.

링컨 대통령은 편지의 첫 문장에 '모든 사람은 칭찬을 좋아한다'라고 쓴 적이 있다. 위대한 심리학자인 윌리엄 제임스는 "인간 본성의 가장 심오한 원리는 인정받고 싶어 하는 갈망이다"라고 말했다.

윌리엄 제임스가 '바람' '욕망' '동경'이라는 단어를 사용하지 않고 '갈망'이라는 표현을 사용했다는 데 유념하자. 여기에 통렬하고 변함없는 인간의 갈망이 있다. 이 마음의 갈망을 진정으로 충족시키는 몇 안 되는 사람이 다른 사람들에게 영향을 미치고, '죽었을 때 장의사마저 안타까워하는' 사람이 된다.

중요한 사람이 되고 싶은 욕망은 인간과 동물을 구분하는 명확한 차이점 중 하나다. 만약 우리의 선조들에게 '중요한 사람이 되고 싶은 불타는 욕망'이 없었다면 문명사회는 불가능했을 것이다. 그 욕망이 없었다면 우리는 동물과 다를 바가 없었을 것이다.

교육을 받지 못하고 빈곤에 시달리는 상점 직원이 통 아래에서 찾은 50센트짜리 법학책을 주경야독으로 공부하게 만들었던 것은 바로 '중요한 사람이 되고 싶은 욕망'이 있었기 때문이다. 아마도 이 상점 직원에 대한 이야기를 들어본 적이 있을 것이다. 그 사람이 바로 링컨 대통령이다.

찰스 디킨스(Charles Dickens, 영국의 소설가 — 옮긴이)가 불멸의 소설들을 쓰도록 영감을 주었던 것도 바로 이 욕망이었다. 이 욕망 덕분에 크리스토퍼 렌 경(Sir Christopher Wren, 영국의 건축가 — 옮긴이)은 자신만의 심포니를 석조 건물로 설계해냈다. 이 욕망으로 록펠러는 평생 다 쓰지도 못할 수백만 달러의 돈을 모았다.

이 욕망 덕분에 당신이 사는 동네에서 가장 돈 많은 사람은 필요 이상으로 지나치게 큰 집을 짓는다. 이 욕망 때문에 당신은 최신 유행하는 스타일의 옷을 입고, 값비싼 최신 자동차를 몰고, 당신의 똑똑한 자녀들에 대해 자랑하길 원한다.

최고의 능력을 끌어내는 방법은 바로 인정과 격려다

내가 아는 한 역사상 연간 100만 달러 이상을 벌어들인 사람은 단 두 명이었다. 바로 월터 크라이슬러(Walter Chrysler, 자동차회사인 크라이슬러의 창업주 — 옮긴이)와 찰스 슈와브(Charles Schwab, 금융회사인 찰스 슈와브의 창업주 — 옮긴이)이다.

앤드루 카네기(Andrew Carnegie, 카네기철강회사의 설립자 — 옮긴이)는 왜 찰스 슈와브에게 100만 달러라는 엄청난 연봉을 지급했을까? 슈와브가 뛰어난 천재여서였을까? 그건 아니다. 다른 사람들보다 철강업에 대해 더 많이 알았기 때문일까? 어림없는 소리다. 찰스 슈와브는 자신보다 철강업에 대해 더 많이 아는 직원들이 많이 있다고 내게 직접 말한 적이 있다.

슈와브는 자신이 그렇게 큰 연봉을 받은 이유는 사람을 대하는 능력의 영향이 크다고 말했다. 나는 슈와브에게 어떻게 사람을 대하는지 물었다. 여기 그가 직접 말해준 인간관계의 비밀이 적혀 있다. 그가 내게 말해준 비밀은 영원히 변치 않는 동판에 새겨 모든 가정과 학교, 상점과 사무실에 걸어두어야 한다. 학생들은 라틴어 동사 변형을 외우거나 브라질의 연간 강수량을 외우는 대신 이 말을 외워야 한다. 이 말대로 살면 우리의 인생은 완전히 바뀔 것이다.

슈와브가 내게 이렇게 말했다. "나는 사람들에게 열정을 불러일으키는 능력을 내가 가진 가장 큰 자산이라고 생각하고, 사람이 가장 최고의 능력을 끌어내는 방법은 바로 인정과 격려라고 생각한다. 윗사람의 비난만큼 사람의 야망을 꺾는 것은 없다. 나는 그 누구도 비판하지 않는다. 나는 일하고 싶은 동기를 부여해야 한다고 생각한다. 그래서 칭찬하려고 애쓰고, 잘못을 지적하는 것을 싫어한다. 내가 좋아하는 것이 있다면, 진심으로 인정하고 칭찬을 아끼지 않는 것이다."

슈와브는 그의 말처럼 행동했다. 하지만 보통 사람들은 어떻게 행동하는가? 이와는 정반대로 행동한다. 무언가 마음에 들지 않으면 상대를 못살게 굴고, 마음에 든다 해도 아무 말도 하지 않는다.

특히 슈와브는 자신이 말한 내용이 바로 앤드루 카네기의 놀라울 만한 성공을 이끈 중요한 이유 중 하나라고 솔직히 말했다.

앤드루 카네기는 자신의 동료들을 사적인 자리에서는 물론 공개적으로도 칭찬했다. 카네기는 심지어 자신의 묘비에도 동료들에 대한 칭찬을 쓰고 싶어 했다. 앤드루 카네기는 스스로 쓴 묘비명에 이렇게 적었다. "여기 자신보다 현명한 사람들과 어울리는 법을 알았던 사람이 잠들다."

진심이 담긴 인정이야말로 사람을 다루는 핵심 비결이다

진심이 담긴 인정은 록펠러가 성공적으로 사람을 다루는 비결 중 하나였다. 예를 들어 자신의 파트너 중 한 명인 에드워드 T. 베드퍼드(Edward T. Bedford)가 남아메리카에서 나쁜 사람의 거짓말에 속아 회사에 100만 달러의 큰 손해를 입혔을 때, 록펠러는 베드퍼드를 비난할 수도 있었다. 하지만 록펠러는 베드퍼드가 최선을 다했다는 사실을 알고 있었고, 이미 사건은 종결된 후였다. 그래서 록펠러는 오히려 칭찬할 만한 내용을 찾았다. 록펠러는 베드퍼드가 투자금의 60%를 보존했다며 오히려 축하해주었다. 록펠러는 베드퍼드에게 이렇게 말했다. "정말 대단하군. 우리가 늘 이렇게 잘하지는 못하는데."

인정은 진실되지만
아첨은 진실되지 못하다

우리는 우리 아이들과 친구들, 직원들의 신체에 영양분을 제공한다. 하지만 그들의 자존감을 키워주는 경우는 거의 드물지 않은가. 그들에게 로스트비프(잉글랜드의 쇠고기 요리 — 옮긴이)와 감자를 제공해 에너지를 비축하게 하지만, 오랫동안 그들의 기억 속에서 샛별이 들려주는 음악처럼 울릴 친절한 인정의 말은 하지 않는다.

일부 독자들은 위의 내용을 읽으면서 지금 이렇게 말하고 있을지도 모른다. "뻔한 소리! 아부! 사탕발림! 아첨! 그런 건 나도 다 해봤어요. 하지만 소용없었어요. 특히 똑똑한 사람들에게는."

물론 분별 있는 사람들에게는 아첨이 잘 통하지 않는다. 아첨은 천박하고, 이기적이고, 진실하지 못하다. 아첨은 실패해야 하며, 보통은 실패한다. 아첨은 단기적으로는 효과를 볼지 모르지만, 길게 보면 아첨은 좋은 영향보다 나쁜 영향을 미칠 것이다. 아첨은 마치 위조지폐처럼 가짜여서, 아첨을 하면 결국 곤란한 상황을 맞게 될 것이다.

하지만 인정과 아첨은 완전히 다르다는 것을 명심해야 한다. 그렇다면 인정과 아첨의 차이는 무엇일까? 둘의 차이는 간단하다. 인정은 진실되고, 아첨은 진실되지 못하다. 인정은 마음에서 나오고, 아첨은 입에서 나온다. 인정은 이기적이지 않고, 아첨은 이기적이다. 인정은 누구에게나 칭찬받고, 아첨은 누구에게나 비난받는다.

나는 여러분들에게 아첨을 제안하고 있는 것이 절대 아니다. 나는 새로운 삶의 방식인 '인정'에 대해 이야기하고 있다. 다시 말하지만, 나는 새로운 삶의 방식인 '인정'에 대해 이야기하고 있다.

영국 왕 조지 5세(King George V)는 버킹엄궁에 있는 자신의 서재 벽에 6가지 격언을 걸어두었다. 그중 하나의 내용은 다음과 같다. "싸구려 칭찬을, 하지도 받지도 않게 가르침을 주소서."

아첨이란 바로 그런 것이다. 아첨은 싸구려 칭찬이다.

되새겨볼 가치가 있는 아첨의 정의를 읽은 적이 있다. "아첨이란 정확히 자신에 대해 생각하는 바를 다른 사람에게 이야기해주는 것이다."

내 업적이나 욕구는 내려놓고, 그의 장점을 찾아보자

랠프 월도 에머슨(Ralph Waldo Emerson, 미국의 사상가 — 옮긴이)은 "어떤 언어를 사용하더라도 자신이 어떤 사람인지 외에는 다른 어느 것도 말할 수 없다"라고 말했다.

아첨만 해서 모든 일이 해결된다면, 모든 사람이 아첨을 할 것이고, 우리 모두가 인간관계에 있어 전문가가 될 것이다. 하지만 결코 그렇지 않다.

우리가 어떤 분명한 문제에 몰두하고 있지 않으면, 우리는 보통 시간의 95%를 자신에 대한 생각을 하는 데 사용한다. 우리가 자신에 대한 생각을 잠시 멈추고 다른 사람의 장점을 생각하기 시작한다면, 너무 싸구려이고 거짓이어서 입에서 내뱉자마자 알아챌 수 있는 아첨에 의지하지 않아도 될 것이다.

에머슨은 이렇게 말했다. "내가 만난 모든 사람은 어떤 면에서 나보다 우수하다. 그래서 나는 그들에게 배운다."

뛰어난 사람인 에머슨에게 이 말이 해당된다면, 우리 같은 평범한 사람들에게는 천 배는 더 해당되는 말이 아닐까?

우리의 업적이나 욕구는 잠시 내려놓고, 다른 사람의 장점을 찾아보자. 그리고 싸구려 칭찬인 아첨은 잊자. 대신 상대방에게 정직하고 진실된 인정을 해주자. 상대방을 진심으로 인정하고, 아끼지 않는 칭찬을 보내자. 그러면 사람들은 당신이 해준 말을 소중히 간직하고 귀하게 여길 것이며, 당신이 그 말을 잊은 후에도 평생 반복해서 되새길 것이다.

3장

상대방의 관점에서 생각해 욕구를 불러일으켜라

물고기에 맞는 미끼를 사용할 필요가 있다

나는 매해 여름이면 메인(Maine)주로 낚시를 하러 간다. 개인적으로 나는 크림을 얹은 딸기를 좋아하는데, 왠지 모르겠지만 물고기는 벌레를 좋아한다. 그래서 낚시를 갈 때는 내가 원하는 것을 생각하지 않고, 물고기가 원하는 것을 생각한다. 미끼로 크림 얹은 딸기를 사용하는 대신, 물고기 앞에 벌레나 메뚜기를 달아두고 이렇게 말한다. "이걸 먹고 싶지 않니?"

사람을 낚을 때에도 이와 똑같은 상식을 발휘하면 되지 않을까? 로이드 조지(Lloyd George, 영국의 정치가—옮긴이)가 바로 이런 방법을 사용했다.

누군가 로이드 조지에게 윌슨(Wilson), 올랜도(Orlando), 클레망소(Clemenceau)와 같은 모든 전시(戰時) 지도자들이 쫓겨나고 잊힌 후에도 권력을 유지할 수 있었던 방법을 묻자 그는 "내가 최고의 자리를 유지할 수 있었던 한 가지 방법을 꼽자면, 아마도 물고기에 맞는 미끼를 사용할 필요가 있다는 사실을 배웠기 때문일 것이다"라고 대답했다.

사람들은 오직 자신이 원하는 것에만 관심을 둘 뿐이다

왜 사람들은 자신이 원하는 것을 이야기할까? 그건 유치하고 어리석은 일이지만 그것이 우리 인간의 본능이다. 물론 당신도 자신이 원하는 것에만 관심을 갖는다. 영원히 그럴 것이다.

다른 사람들은 당신이 원하는 것에 관심이 없다. 우리 모두 마찬가지다. 오직 우리는 우리 자신이 원하는 것에만 관심을 둔다.

따라서 다른 사람에게 영향을 미칠 수 있는 방법은 오직 하나다! 상대가 원하는 것에 대해 이야기하고 그것을 얻을 수 있는 방법을 보여주는 것뿐이다. 앞으로 어떤 사람이 어떤 일을 하도록 시킬 때는 이 점을 꼭 기억하길 바란다.

예를 들어 당신의 아들이 담배 피우는 것이 싫다면, 잔소리를 늘어놓거나 당신이 원하는 것에 관해 말하지 말고, 담배를 피우면 야구팀에서 뛸 수 없다거나 100미터 달리기에서 이길 수 없다는 점을 보여주자.

우선 상대방에게 강렬한 욕구를 일으켜야 한다

해리 A. 오버스트릿(Harry A. Overstreet, 미국의 심리학자—옮긴이) 교수는 이렇게 말했다. "행동은 우리가 기본적으로 욕망하는 것으로부터 튀어나온다. 직장이든, 가정이든, 학교든, 정치든 간에 다른 사람을 설득하고 싶은 사람에게 줄 수 있는 최선의 조언은 '우선 상대방에게 강렬한 욕구를 일으켜라'이다. 이것을 할 수 있는 사람은 온 세상과 함께할 것이고, 할 수 없는 사람은 '외로운 길'을 걸을 것이다."

지독하게 가난했던 스코틀랜드 소년이었던 앤드루 카네기는 처음에 시급 2센트를 받고 일했다. 하지만 마지막에는 3억 6,500만 달러라는 거액을 기부할 수 있었다.

카네기는 어렸을 때 사람들에게 영향을 미칠 수 있는 유일한 방법은 상대방이 원하는 것에 관해 이야기하는 것임을 배웠다. 그는 정기 교육은 4년밖에 받지 못했지만 사람을 다루는 법을 너무나도 잘 알고 있었다.

한번은 이런 일이 있었다. 카네기의 처제는 두 아들 때문에 걱정이 많았다. 아들들은 예일대학교에 재학중이었는데, 워낙 자기 일에 바쁘다 보니 집에 연락도 잘 하지 않았고, 엄마가 보낸 걱정 가득한 편지는 안중에도 없었다.

그러자 카네기는 말하지 않아도 답장을 받을 수 있다며 100달러 내기를 제안했다. 누군가 그 내기를 받아들였다.

카네기는 조카들에게 친근한 편지를 쓰고 각기 5달러씩 보낸다고 적었다. 하지만 돈을 동봉하지는 않았다. 그리고 '사랑하는 앤드루 삼촌께'로 시작하는 조카들의 답장에는 친절한 편지에 감사하다는 내용의 글이 적혀 있었다. 그다음 내용은 말하지 않아도 알 것이다.

앞으로 어떤 사람이 무언가를 하도록 설득하고 싶을 때가 있을 것이다. 말을 꺼내기 전에 잠시 멈춰서 자신에게 묻자. "어떻게 하면 그 사람이 그 일을 하고 싶게 만들 수 있을까?"

이 질문을 하면 우리의 욕구에 대해 쓸데없이 떠들어대며 경솔하게 사람들에게 달려드는 일을 피할 수 있을 것이다.

자신뿐 아니라 상대방의 관점으로
사물을 바라봐야 한다

'인간관계'라는 예술에 대한 최고의 조언이 하나 있다. 헨리 포드(Henry Ford, 자동차회사인 포드의 창립자 ― 옮긴이)는 "성공의 단 한 가지 비결이 있다면, 다른 사람의 관점을 가지고 자신뿐 아니라 그 사람의 관점으로 사물을 바라보는 능력이다"라고 조언했다.

너무 좋은 말이어서 다시 한 번 반복하고 싶다. "성공의 단 한 가지 비결이 있다면, 다른 사람의 관점을 가지고 자신뿐 아니라 그 사람의 관점으로 사물을 바라보는 능력이다."

누구든 단번에 이 말이 진실임을 알 수 있다. 하지만 세상 사람 열에 아홉은 열에 아홉 번이나 이 진실을 외면한다.

예를 들어보자. 수천 명의 영업사원들이 오늘도 지치고 실망한 채 박봉에 시달리며 거리를 누비고 있다. 왜 그럴까? 그들은 항상 자신이 원하는 것만 생각하고 있기 때문이다. 그들은 당신이나 내가 그가 팔고자 하는 것은 아무것도 사고 싶어 하지 않는다는 사실을 알지 못한다.

우리가 무언가를 사고 싶었다면, 나가서 샀을 것이다. 그러나 우리는 끊임없이 우리에게 닥친 문제를 해결하는 데만 관심을 갖는다.

만약 영업사원이 자신의 서비스나 상품이 우리의 문제를 해결하는 데 도움을 주는 방법을 보여준다면, 굳이 우리에게 판매할 필요가 없을 것이다. 우리는 그 서비스나 상품을 살 것이다. 이처럼 고객은 설득당했다는 느낌이 아니라 본인이 구매했다는 느낌을 좋아한다. 하지만 많은 사람이 고객의 관점으로 사물을 바라보지 않은 채 평생 판매하며 살아간다.

또 다른 예를 들어보자. 나는 뉴욕 중심지에 있는 작은 주거지인 포레스트 힐스(Forest Hills)에 살고 있다. 어느 날 기차역으로 급히 가고 있는데 여러 해 동안 롱아일랜드의 부동산을 사고팔았던 부동산 업자를 우연히 만났다. 그가 포레스트 힐스 지역을 잘 알고 있는 사람이어서 나는 석고로 치장된 내 집의 외장에 얇은 쇠그물이 사용되었는지, 아니면 속이 빈 타일이 사용되었는지 서둘러 물었다. 그는 잘 모르겠다며 내가 이미 알고 있는 내용만 말해주었다. 그 정도 내용은 포레스트 힐스 정원 협회에 전화 한 통만 걸어도 알아낼 수 있는 내용이었다.

그 다음 날 아침, 나는 그에게서 편지를 한 통 받았다. 편지엔 내가 바라던 정보가 들어 있었을까? 전화로 말했다면 1분 만에 알아낼 수 있었을 것이다. 하지만 그는 그렇게 하지 않았다. 내가 직접 전화를 걸면 알 수 있다는 말만 반복해서 편지에 썼고, 자신이 내 보험을 맡게 해달라고 부탁했다. 즉 그는 나를 돕는 데에는 관심이 없었다. 오직 자신을 돕는 데에만 관심이 있었다.

남의 마음을 이해하는 사람의 미래는 밝을 수밖에 없다

전문직인 사람들도 똑같은 실수를 한다. 다른 사람이 아닌 오직 자신을 돕는 데에만 관심을 가지는 실수를 저지른다.

몇 년 전 나는 필라델피아에 있는 유명한 이비인후과에 간 적이 있다. 그 의사는 내 편도선을 보기도 전에 내가 어떤 일을 하는지 물었다. 그는 내 편도선의 크기에는 관심이 없었다. 대신 내 재정 규모에 관심을 가졌다. 그의 주요 관심사는 나를 얼마나 많이 도울 수 있느냐가 아니었다. 그의 주요 관심사는 내게서 얼마나 많은 돈을 받아낼 수 있는지에 있었다. 결과적으로 그는 내게서 한 푼도 받아내지 못했다. 나는 그의 부족한 인성에 경멸을 느끼며 병원에서 나왔다.

세상은 그런 사람들로 가득한 곳이다. 자신의 잇속만 차리는 이기적인 사람들로! 그래서 보기 드물게 사심 없이 다른 사람들을 섬기려는 소수의 사람들에게 대단히 유리한 점이 있다. 그들에게는 경쟁자가 거의 없기 때문이다.

오웬 영(Owen D. Young, 미국의 법률가이자 기업가 — 옮긴이)은 이렇게 말했다. "다른 사람의 입장에서 생각할 수 있는 사람, 다른 사람의 마음을 이해할 수 있는 사람은 미래에 대해 걱정할 필요가 없다."

사람의 마음이 어떻게 작동하는지 반드시 알아야 한다

많은 사람이 대학을 다니고, 베르길리우스(Virgil, 로마의 고전 시인—옮긴이)의 글을 읽고, 수수께끼와 같은 미적분을 풀어낸다. 하지만 사람의 마음이 어떻게 작동하는지는 알아내지 못한다.

예를 들어보자. 나는 뉴저지 주 뉴어크에 있는 사무실 및 극장 공조회사인 캐리어 코퍼레이션의 대졸 신입사원들을 상대로 '효과적인 대화'라는 강의를 한 적이 있다. 그중 한 명이 다른 사람들을 설득해 농구를 하고 싶다며 이렇게 말했다. "저는 여러분이 나와서 농구를 하면 좋겠습니다. 저는 농구를 좋아하는데 체육관에 몇 번 가보았지만 시합을 할 수 있을 만큼 인원이 충분하지 않았습니다. 지난번에는 두세 명이 서로 공을 던져주다가 눈에 멍이 드는 일도 있었습니다. 여러분이 내일 밤에는 체육관에 와주셨으면 좋겠습니다. 저는 정말 농구를 하고 싶어요."

함께 모여 농구를 하면 활력이 더 넘친다든가, 식욕이 좋아진다든가, 머리가 맑아진다든가, 재미있게 농구 시합을 할 수 있다든가 등, 당신이 원하는 것을 하나라도 그가 말했는가? 당신은 그 사람이 무엇을 원하는지는 관심도 없고, 눈에 멍이 드는 일도 원하지 않을 것이다.

상대방이 원하는 것이 무엇인지 그것부터 알아내야 한다

어린 아들 때문에 걱정이 많은 한 아버지가 있다. 아이는 저체중이었고, 음식을 제대로 먹으려 하지 않았다. 아이의 부모는 보통 모두가 하는 방식을 사용했다. 아이를 다그치고 잔소리를 늘어놓은 것이다. "엄마는 네가 이것저것 먹었으면 좋겠어." "아빠는 네가 잘 먹고 건강하게 자랐으면 좋겠어."

아이가 이런 부모의 간청에 관심이나 두었을까? 상식이 조금이라도 있는 사람이라면 세 살 아이가 서른 살 아버지의 관점에 반응할 거라 기대하지 않을 것이다. 그런데 그 아버지는 바로 그 반응을 기대했던 것이다. 너무나 어리석은 일이었다.

그 아버지는 마침내 그 사실을 깨닫고 자신에게 물었다. '아이가 원하는 것은 무엇일까? 내가 원하는 것과 아이가 원하는 것을 어떻게 연결할 수 있을까?' 이 질문을 생각하기 시작하자 일이 쉬워졌다.

아이는 세발자전거를 타고 브루클린에 있는 집 앞 보도를 오르락내리락하기를 좋아했다. 그런데 근처에 할리우드에서 '악당'이라고 부를 만한 아이가 살고 있었다. 몸집이 큰 그 아이는 자신보다 작은 그 남자의 아들을 세발자전거에서 끌어내고 자신이 타고 다녔다. 당연히 몸집이 작은 아이는 울면서 엄마에게로 달려갔고, 엄마는 '악당'을 세발자전거에서 내리게 한 후 다시 자기 아이를 자전거에 앉혔다. 이런 일이 거의 매일 반복되고 있었다.

이런 상황에서 아들이 원하는 것은 무엇이었을까? 셜록 홈스가 나서지 않아도 정답을 쉽게 알 수 있다. 자존심, 분노 그리고 가장 강력한 감정인 중요한 사람이 되고 싶은 마음이었다. 그래서 아버지는 '악당'의 코를 납작하게 눌러 복수하고 싶은 아이의 마음을 자극했다. 아버지는 아이에게 엄마가 먹으라고 하는 음식을 먹기만 하면 언젠가 몸집이 더 큰 아이를 실컷 두들겨 팰 수 있다고 말했다.

아버지가 그렇게 단언하자 아이의 식습관 문제는 말끔히 해결되었다. 아이는 자신에게 그토록 자주 굴욕을 주었던 골목대장을 때려줄 만큼 클 수 있다면 시금치든, 사우어크라우트(독일식 절임 배추 — 옮긴이)든, 절인 고등어든 그 어떤 것이든 먹으려 들었다.

윌리엄 윈터(William Winter, 미국의 극작가 — 옮긴이)는 "자기표현은 가장 지배적인 인간 본성이다"라고 말했다. 우리는 왜 이런 심리를 업무에서는 사용하지 못하는가? 우리에게 번뜩이는 아이디어가 있을 때 다른 사람에게 우리 생각을 강요하는 대신 그 생각을 스스로 요리하고 휘젓게 두면 어떨까? 그러면 그 아이디어를 자기 것으로 여기고, 좋아하게 되고, 어쩌면 몇 그릇이라도 먹으려 할지 모른다.

오버스트릿 교수의 현명한 조언을 되새겨 기억하자! "우선 상대방에게 강렬한 욕구를 일으켜라. 이것을 할 수 있는 사람은 온 세상과 함께할 것이고, 할 수 없는 사람은 '외로운 길'을 걸을 것이다."

*How to Win Friends
and Influence people*

2부

사람들이 당신을 좋아하게 만들 6가지 방법

Dale Carnegie

1장

상대방에게 관심을 가지면 어디서든 환영받는다

사람들은 남에겐 관심이 없고 자신에게만 관심이 있다

당신도, 나도, 다른 사람이 자신에게 관심을 갖게 하려고 평생 이리저리 애쓰며 살아가는 사람들을 알고 있다. 물론 그 방법은 효과가 없다. 그 이유는 간단하다. 사람들은 당신에게 관심이 없기 때문이다. 사람들은 아침에도, 정오에도, 저녁 식사 후에도 오로지 자신에게만 관심이 있다.

뉴욕통신회사(New York Telephone Company)에서 전화 통화를 자세히 연구해 사람들이 어떤 단어를 가장 자주 사용하는지 알아냈다. 어떤 단어인지 아마 짐작했을 것이다. 바로 인칭대명사 '나'였다. 500건의 전화 통화에서 '나'라는 단어는 3,990번이나 사용되었다.

당신이 찍힌 단체 사진을 볼 때 당신은 누구를 가장 먼저 찾는가? 무조건 당신부터 먼저 찾을 것이다.

사람들이 당신에게 관심이 있다고 생각한다면, 이 질문에 대답해보자. "만약 오늘 밤 당신이 죽는다면 몇 명이나 당신의 장례식에 올 것 같은가?" 당신이 다른 사람들에게 관심을 기울이지 않는다면, 사람들이 왜 당신에게 관심을 두겠는가? 볼펜을 들어 이 질문에 대한 당신의 대답을 적어보자. " ______명"

남에게 무관심한 사람은 큰 문제가 있는 사람이다

우리가 그저 다른 사람에게 잘 보이려 하고 다른 사람이 우리에게 관심을 가지도록 만들고자 한다면, 진실된 친구를 많이 사귀지는 못할 것이다. 친구, 그러니까 진짜 친구는 그런 식으로 만들어지지 않는다.

나폴레옹(Napoleon, 프랑스의 군인이자 황제—옮긴이)이 친구를 만드는 방식이 이런 식이었다. 조세핀과의 마지막 만남에서 그는 이렇게 말했다. "조세핀, 나는 세상에서 가장 운 좋은 남자였소. 하지만 지금 이 순간 세상에서 내가 유일하게 의지할 수 있는 사람은 당신뿐이오."

하지만 역사학자들은 과연 조세핀마저도 나폴레옹이 의지할 수 있는 사람이었는지 의심한다.

빈의 유명한 심리학자였던 알프레드 아들러(Alfred Adler, 개인심리학의 창시자—옮긴이)는 이렇게 말했다. "다른 사람에게 관심을 기울이지 않는 사람은 인생에서 가장 큰 문제를 가진 사람이고, 다른 사람에게 가장 큰 피해를 끼친다. 그런 사람들에게서 인류의 모든 실패가 발생한다." 저명한 심리학 서적을 아무리 많이 읽어도 이보다 더 중요한 말을 마주한 적은 없다.

진심으로 관심을 기울이면 누구라도 나의 친구가 된다

나는 개인적인 경험을 통해 다른 사람에게 진심으로 관심을 기울이면 미국에서 가장 인기 있는 사람의 관심과 시간, 협력을 얻어낼 수 있다는 사실을 알게 되었다. 예를 들면 이렇다.

몇 년 전 나는 브루클린 예술과학협회에서 소설 쓰기 강좌를 개설했다. 그래서 미국 내에서 저명하고 일정이 바쁜 작가들이 브루클린으로 와서 그들의 경험을 나눠주길 원했다. 그래서 우리가 그들의 작품을 무척 좋아하고 있으며, 그들의 조언을 듣고 성공 비결을 배우는 데 깊은 관심을 가지고 있음을 편지에 써서 보냈다.

150명에 달하는 학생 모두가 편지에 직접 사인을 했다. 우리는 그들이 바쁜 일정 때문에 강의를 준비할 시간이 없다는 것을 알고 있다고 편지에 적었다. 그리고 작가 자신과 그들의 작품 활동 방식에 대한 질문 목록을 만들어 동봉했다.

작가들은 우리의 정성을 매우 마음에 들어 했다. 왜 그렇지 않았겠는가? 그래서 그들은 자신의 집을 떠나 브루클린까지 수고스럽게 와서 우리에게 도움의 손길을 내밀었다.

이와 똑같은 방법을 사용해 나는 전직 대통령, 전직 장관, 유명한 정치인 등 수많은 저명인사를 내 강의에 초대해서 학생들과 대화를 나누게 할 수 있었다.

정육점 주인이든, 제빵사든, 왕이든 우리는 모두 우리를 존경하는 사람을 좋아한다. 심지어 독일 황제마저도 그러했다.

1차 세계대전이 끝나갈 무렵 독일 황제는 아마도 세상에서 가장 맹렬하게 모든 사람에게 경멸을 받는 대상이었을 것이다. 그가 목숨을 건져보자고 네덜란드로 달아나자 그의 조국마저도 그에게 등을 돌렸다. 그를 향한 혐오가 너무 극심해져서 수백만 명의 사람들이 그의 사지를 찢거나 기둥에 매달아 불태울 기세였다.

독일 황제에 대한 분노가 산불처럼 번져가는 가운데, 한 소년이 황제에게 따뜻함과 존경이 가득 담긴 간결하고 진심 어린 편지를 보냈다. 소년은 다른 사람이 어떻게 생각하든 자신은 항상 빌헬름 2세를 자신의 황제로서 사랑할 것이라고 적었다. 황제는 그 편지에 크게 감동을 받아 소년을 초청했다. 소년은 어머니와 함께 황제를 찾아왔고, 황제는 이후 소년의 어머니와 결혼했다.

이 소년은 '친구를 사귀고 사람들에게 영향을 미치는 방법'에 대한 책을 읽을 필요가 없었다. 이미 본능적으로 그 방법을 알고 있었기 때문이다.

다른 사람을 위해
무언가 하려는 노력을 기울이자

친구를 사귀고 싶다면, 다른 사람을 위해 무언가 하려는 노력을 기울어야 한다. 즉 친구를 사귀고 싶다면 시간과 에너지, 이타심, 배려 등이 반드시 필요하다.

윈저 공(Duke of Winsor, 영국 국왕 에드워드 8세의 퇴위 후의 칭호 — 옮긴이)이 아직 영국 왕세자였을 때 남미 순방 계획이 잡힌 적이 있었다. 그는 해당 국가에서 그 나라의 언어로 대중 연설을 하고 싶어서 순방이 있기 전 몇 달에 걸쳐 스페인어를 공부했다. 물론 남미 사람들은 그런 그의 모습에 기뻐했다.

여러 해 동안 나는 친구들의 생일을 빠짐없이 알아내려고 했다. 나는 친구들의 생일을 어떻게 알아냈을까? 나는 점성술 따위는 전혀 믿지 않았지만 우선 상대방에게 "태어난 날이 성격이나 기질과 관련이 있다고 믿냐?"는 질문을 던졌다. 그러고 나서 상대방의 생일을 물어보았다. 예를 들어 상대가 "11월 24일"이라고 대답하면, 나는 "11월 24일, 11월 24일…" 하면서 그 날짜를 되새겼다. 그리고 상대방이 나와 헤어져 등을 돌리는 순간 그의 이름과 생일을 적고 나중에 생일 수첩에 옮겨두었다. 매년 새해가 시작될 때면 나는 이 날짜들을 달력에 옮겨 적어서 자동으로 기억할 수 있게 했다. 그리고 생일이 되면 당사자에게 편지나 전보를 보냈다.

이 방법이 얼마나 큰 인기를 끌었는지! 내가 그의 생일을 기억해주는 유일한 사람인 경우도 많았다.

친구를 사귀고 싶다면, 생기 넘치고 열정적으로 사람들을 대하자. 누군가 당신에게 전화를 할 때도 같은 방법을 사용하자. 전화를 받으며 "여보세요"라고 대답할 때 그 사람이 내게 전화를 걸어주어 얼마나 기쁜지를 보여주는 어조로 말해보자. 뉴욕통신회사에서는 연수원에서 전화교환원들에게 "번호를 말씀해주세요"가 "안녕하세요. 당신을 돕게 되어 기쁩니다"라고 들릴 수 있게 말하는 방법을 교육한다. 다음에 누군가의 전화를 받을 때에는 이런 점을 반드시 기억해 실천해보자.

열정적으로 사람을 대하면 직장에서의 운명도 달라진다

직장에서도 이런 원칙이 유효할까? 예를 들어보겠다.

필라델피아에 거주하는 C. M. 내플 주니어(C. M. Knaphle, Jr.)는 몇 년 동안 대형 체인점 업체에 석탄을 납품하려고 노력했다. 하지만 그 체인점 업체는 계속해서 다른 지역에 있는 판매업체에서 연료를 구매해서 내플의 사무실 바로 옆으로 운반했다. 어느 날 밤 내플은 수업 시간에 학생들 앞에서 체인점에 대한 분노를 쏟아내며 국가의 수치라고 비판했다. 그러면서도 왜 체인점에 판매하지 못하는지 궁금해했다.

나는 그에게 다른 전략을 시도해보라고 제안했다. 요약해서 말하자면 이렇다. 우리는 수업 시간에 '체인점이 국가에 좋은 영향보다 해를 더 끼친다'라는 주제에 관해 토론을 진행했다.

내 제안에 따라 내플은 반대하는 입장을 맡아서 체인점을 옹호하기로 했다. 그는 곧바로 자신이 혐오하는 체인점 회사의 경영진을 찾아가 이렇게 말했다. "제가 여기 온 건 석탄을 팔기 위해서가 아닙니다. 한 가지 부탁을 드리러 왔습니다."

내플은 토론에 관해 설명하고 이렇게 말했다. "당신이 제가 알고 싶어 하는 사실을 알려줄 수 있는 적임자라고 생각해서 도움을 받으러 왔습니다. 이 토론에서 이기고 싶습니다. 어떤 도움이라도 주시면 정말 감사하겠습니다."

다음 이야기는 내플의 말을 직접 인용했다.

"저는 정확히 1분만 내달라고 했습니다. 제 말을 듣고 그 사람이 저를 만나주기로 했어요. 제가 상황을 얘기하자 그 사람은 제게 의자에 앉으라고 손짓했죠. 그리고 정확히 한 시간 47분 동안 이야기했어요. 그 사람은 체인점에 관한 책을 쓴 다른 경영진을 불렀고, 전국 체인점 연합에 편지를 써서 해당 토론 주제에 대한 문서까지 구해줬어요. 그 사람은 체인점이 인류에 진정한 서비스를 제공하고 있다고 믿고 있었어요. 수많은 지역사회를 위해 자신이 하는 일을 자랑스러워했죠. 말하는 동안 그 사람의 눈이 반짝이고 있었어요. 솔직히 말하자면 제가 꿈도 꿔보지 못한 일에 대해 깨달음을 얻었어요. 그 사람이 제 마음가짐을 통째로 변화시켰어요.

제가 말을 마치고 나서려고 하자, 그 사람이 문까지 바래다주며 토론 잘하라고 응원해줬어요. 그리고 아무 때나 다시 들러서 토론이 어떻게 되었는지 말해달라고 했죠. 마지막에는 제게 이렇게 말했어요. '봄에 다시 찾아오세요. 당신 회사의 석탄을 주문하고 싶습니다.'

저에겐 기적과 같은 일이었어요. 제가 부탁하지도 않았는데 석탄을 사겠다고 제안하고 있었어요. 그 사람과 그 사람이 겪는 문제에 관해 진심으로 관심을 갖자 불과 두 시간 만에 지난 10년 동안 저와 석탄에 관해 관심을 끌게 만들려고 노력했던 것보다 훨씬 많은 진전을 이뤘어요."

그가 당신을 좋아하게 하려면 그에게 관심을 가지자

앞에서 사례로 든 내플 씨는 새로운 진리를 발견한 것이 아니다. 아주 오래전, 예수님이 태어나시기 100년 전에 로마의 유명한 시인이었던 푸블릴리우스 시루스(Publilius Syrus, 고대 로마의 작가이자 풍자시인 — 옮긴이)가 이미 이렇게 말했다. "다른 사람이 우리에게 관심을 둘 때 우리도 그들에게 관심을 갖는다."

사람들이 당신을 좋아하게 하고 싶다면 명심해야 할 첫 번째 원칙은 다음과 같다. '다른 사람에게 진심으로 관심을 갖자.'

2장

미소를 짓고 환하게 웃어 좋은 첫인상을 주어라

"당신을 만나서 좋아요"라고 미소로 상대방에게 말하라

찰스 슈와브(Charles Schwab, 미국의 기업인—옮긴이)는 자기 미소가 100만 달러의 가치가 있다고 내게 말한 적이 있다. 그의 개성, 매력, 사람들이 자기를 좋아하게 만드는 능력이야말로 그가 엄청난 성공을 이룰 수 있었던 이유였다. 그리고 그의 개성 중 가장 기분 좋게 하는 요소가 바로 그의 매력적인 미소였다.

한 번은 모리스 슈발리에(Maurice Chevalier, 프랑스의 샹송 가수 겸 배우—옮긴이)와 오후를 보낸 적이 있었다. 솔직히 말하면 실망스러웠다. 침울하고 뚱한 그의 모습은 내가 예상했던 모습과는 전혀 달랐다. 그러다가 그가 미소를 짓자 마치 구름 사이로 태양이 뚫고 나오는 것 같았다. 그 미소가 아니었다면, 그는 아직도 파리 뒷골목에서 가업을 이어 가구를 만들고 있었을지도 모른다.

말보다 행동이 중요하다. 그리고 미소는 "당신을 좋아해요. 당신 덕분에 행복해요. 당신을 만나서 좋아요"라고 상대방에게 말한다.

개들이 사람들에게 인기가 있는 이유도 바로 이 때문이다. 개들은 우리를 보면 너무 좋아서 펄쩍펄쩍 뛴다. 그러니 당연히 우리도 개를 보면 기분이 좋은 것이다.

가식적인 미소가 아닌 진짜 미소를 짓자

미소가 효과가 있다고 해서, 가식적인 미소도 효과가 있을까? 아니다. 절대 효과가 없다.

가식적인 미소에는 아무도 속지 않는다. 우리는 그런 웃음이 기계적이라는 걸 알기에 좋아하지 않는다. 여기서 내가 말하는 건 진짜 미소, 마음이 따뜻해지는 미소, 진심에서 나오는 미소, 높은 가치를 지닌 그런 미소다.

억지로라도 웃어보고, 행복한 것처럼 행동하자

별로 웃고 싶은 기분이 아니라면, 어떻게 해야 할까? 다음과 같은 2가지 방법이 있다.

첫째, 억지로라도 웃어보자. 만약 혼자 있다면 휘파람을 불든가, 콧노래를 부르든가, 노래를 불러보자.

둘째, 이미 행복한 것처럼 행동해보자. 그러면 행복해지기 마련이다.

행복을 결정하는 것은
행복에 대한 나의 생각이다

이미 행복한 것처럼 행동하면 정말 행복해지는 걸까? 정말 그렇다.

윌리엄 제임스(William James) 교수는 이렇게 말했다. "행동이 감정을 따르는 것 같지만 사실 행동과 감정은 함께 움직인다. 그러므로 의지로 직접 통제할 수 있는 행동을 조절하면, 의지로 통제할 수 없는 감정도 간접적으로 조절할 수 있다. 따라서 즐거움을 잃었을 때 즐거움을 찾을 수 있는 최고의 자발적인 방법은 즐겁게 자세를 바로 잡고 마치 이미 즐거운 듯이 행동하고 말하는 것이다."

세상 모든 사람들은 행복을 추구한다. 그런데 행복을 찾을 수 있는 한 가지 확실한 방법이 있는데, 그것은 바로 생각을 통제하는 것이다. 행복은 외부 조건에 달려 있지 않고, 내면에 달려 있다. 당신이 무엇을 소유했는지, 누구인지, 어디에 있는지, 무엇을 하는지는 당신의 행복을 결정할 수 없다. 행복을 결정하는 것은 당신이 행복을 어떻게 생각하는지다.

예를 들어 두 사람이 같은 장소에서 같은 일을 하고 있다고 치자. 두 사람 모두 비슷한 수준의 부와 명예를 가지고 있어도, 한 사람은 불행할 수 있고, 다른 한 사람은 행복할 수 있다. 왜일까? 두 사람의 마음가짐이 다르기 때문이다.

나는 중국의 끔찍한 더위 속에서 하루에 고작 7센트를 받으며 땀에 젖어 힘들게 일하는 노동자들 중에서 행복한 사람이, 뉴욕 파크 애비뉴의 고소득 사무직 사이에서 본 행복한 사람만큼이나 많다는 사실을 알고 있다. 바로 이것이 인생의 신비다.

셰익스피어(William Shakespeare, 영국의 대문호 — 옮긴이)는 이렇게 말했다. "그 어떤 것도 선하다거나 악하다고 규정할 수 없다. 다만 생각이 선악을 규정할 뿐이다."

에이브러햄 링컨은 "사람들은 대부분 자신이 마음먹은 만큼 행복해질 수 있다"라는 말을 한 적이 있다. 링컨의 말이 옳다. 나는 링컨의 말이 진실임을 생생하게 보여주는 일을 최근에 경험했다.

뉴욕 롱아일랜드 역의 계단을 올라가고 있었는데, 내 바로 앞에 삼사십 명 정도의 다리를 저는 아이들이 지팡이와 목발을 짚고 힘겹게 계단을 오르고 있었다. 한 아이는 다른 사람이 안고 올라가고 있었다. 나는 그 아이들이 즐겁게 웃는 모습을 보고 깜짝 놀랐다. 그리고 아이들을 인솔하던 사람 중 한 명에게 나의 이런 생각을 전했다. "아, 맞아요. 아이들이 평생 장애를 갖고 살아가야 한다는 사실을 알게 되면 처음에는 큰 충격을 받아요. 그런데 충격을 이겨내고 나면 보통은 운명을 받아들이고 평범한 아이들보다 더 행복해지더군요."

아이들에게 경의를 표하고 싶을 정도였다. 아이들은 내게 평생 절대 잊지 않아야 할 교훈을 가르쳐주었다.

미소를 지은 채 인사하고,
악수를 할 때는 진심을 담아라

엘버트 허버드(Elbert Hubbard, 미국의 수필가이자 출판 경영자—옮긴이)의 조언을 잘 읽어보자. 하지만 실천하지 않으면 아무 소용이 없다.

"문밖에 나설 때마다 턱을 당기고 머리를 꼿꼿이 세우고 가슴을 크게 부풀려라. 햇살을 들이켜고, 미소를 지은 채 친구들과 인사하고, 악수를 할 때마다 진심을 담아라. 오해받는 것을 두려워하지 말고, 적을 생각하느라 시간을 낭비하지 말라. 하고 싶은 일이 무엇인지 확실히 마음을 정하고, 함부로 방향을 바꾸지 말고, 목표를 향해 똑바로 나아가라. 당신이 하고 싶은 위대하고 멋진 일에 집중해라. 당신이 되고 싶은 유능하고, 정직하고, 유용한 사람의 모습을 마음에 그리면, 당신이 품은 생각이 매시간 당신을 마음속에 품은 사람의 모습으로 변화시킬 것이다."

생각이 가장 중요하다. 올바른 마음가짐, 즉 용기 있고 솔직하고 유쾌한 태도를 유지해라. 올바르게 생각하는 것이 창조하는 것이다. 모든 것은 욕망에서 나오고, 모든 진실한 기도는 응답받는다. 우리는 우리 마음이 깃든 모습대로 된다. 턱을 당기고 머리를 꼿꼿이 세워라. 우리는 나비가 되기 전의 번데기처럼 신이 될 수 있는 사람들이다.

웃지 않는 사람은 장사를 하면 안 된다

고대 중국인들은 현명한 사람들이었다. 그들은 세상을 살아가는 이치를 너무나 잘 알고 있었다. 그들에게는 우리가 오려서 모자에 붙이고 다녀도 좋을 만큼 훌륭한 속담이 있다. "웃지 않는 사람은 장사를 하면 안 된다."

사람들이 당신을 좋아하게 하고 싶다면 명심해야 할 두 번째 원칙은 다음과 같다. '웃어라!'

3장

그의 이름을 잘 기억해
어렵지 않게 불러주라

이름을 기억하는 능력이 당신의 성공을 앞당긴다

프랭클린 D. 루스벨트(Franklin Delano Roosevelt)를 대통령으로 만든 인물 중의 한 사람인 짐 팔리(Jim Farley)의 유년 시절은 힘들었다. 그는 아버지를 일찍 여의고 열 살 때부터 벽돌 공장에서 모래를 날라 거푸집에 붓고 벽돌을 테두리에 둘러놓아 햇볕에 말리는 일을 했다. 당연히 짐은 교육받을 기회가 거의 없었다.

그는 고등학교 문턱에도 가본 적이 없다. 하지만 46세가 되기도 전에 네 개의 대학에서 명예학위를 받았고, 미국 민주당 전국위원회 의장과 체신부 장관을 역임했다.

한 번은 짐 팔리를 인터뷰할 기회가 있어서 그에게 성공의 비결이 무엇인지 물었다. "열심히 일한 덕이죠"라는 그의 대답에 나는 "농담하지 마세요"라고 말했다. 그러자 그는 내가 생각하는 자신의 성공 비결이 무엇인지 물었다. 나는 "편하게 이름을 부르며 지내는 사람이 만 명이나 된다고 알고 있습니다"라고 대답했다. 그러자 그는 이렇게 말했다. "아니요, 틀렸습니다. 저는 오만 명과 편하게 이름을 부르며 지냅니다." 분명히 말하지만, 그 능력 덕분에 팔리는 프랭클린 D. 루스벨트를 대통령으로 만들 수 있었다.

짐 팔리가 석고회사의 판매원으로 돌아다니던 동안, 그리고 스토니포인트(Stony Point)에서 마을 서기로 일하는 동안, 그는 이름을 기억하는 방법을 구축했다. 새로운 사람을 만날 때마다 상대방의 이름과 가족 규모, 하는 일, 정치 성향을 알아냈다. 그리고 이 모든 정보를 마음속에 그림처럼 잘 기억해서 다음에 그 사람을 만나면 1년이 지난 후에라도 그 사람의 등을 두드리며 그의 아내와 아이들의 안부를 묻고 뒷마당에 심은 접시꽃에 대해 말할 수 있었다.

루스벨트 대통령의 선거 운동이 시작되기 몇 달 전부터 짐 팔리는 하루에 몇 백 통의 편지를 써서 서부와 북서부 주에 사는 사람들에게 보냈다. 그다음에 기차에 올라타고 19일 동안 20개 주, 약 2만 킬로미터를 마차, 기차, 자동차, 소형 보트를 타고 누볐다. 그는 마을마다 들러 사람들과 아침 또는 점심을 먹고, 차를 마시거나 저녁 식사를 함께하면서 '마음을 터놓고' 대화를 나누었다.

동부로 다시 돌아온 후에는 방문했던 마을마다 한 명에게 편지를 써서 자신과 대화를 나눴던 모든 사람의 명단을 요청했다. 최종 명단에는 수많은 이름이 적혀 있었다. 하지만 명단에 있던 사람들은 모두 짐 팔리가 보낸 미묘한 아첨이 섞인 개인적인 편지를 받았다.

짐 팔리는 사람들이 세상 모든 사람들의 이름을 합친 것보다 자기 이름에 더 많은 관심을 둔다는 사실을 너무나 잘 알고 있었다. 이름을 기억하고 편하게 불러주는 것만으로도 상대에게 미묘하지만 매우 효과적인 칭찬을 한 셈이라는 사실을 기억하자.

사람들의 이름을 기억하고 존중하라

앤드루 카네기의 성공 비결은 무엇이었을까? 그것은 다름 아닌 사람을 다루는 탁월함에 있다.

그는 '철강왕'이라고 불린다. 하지만 철강 제조에 관해서는 별로 아는 바가 없다. 대신 그에게는 자신보다 강철에 대해 훨씬 많이 알고 있는 수백 명의 직원이 있었다. 카네기는 사람을 다루는 방법을 알고 있었다. 바로 이런 점 덕분에 그는 부자가 될 수 있었다.

어릴 때부터 그는 조직을 구성하는 재주와 천재적인 리더십을 보였다. 열 살쯤에 그 또한 사람들이 자기 이름을 놀라울 정도로 중요하게 생각한다는 사실을 발견했다. 그는 이 사실을 이용해 사람들의 협조를 끌어냈다.

예를 들어 카네기가 스코틀랜드에 살던 어린 시절 엄마 토끼를 잡은 적이 있다. 어린 카네기는 이내 아기 토끼들이 있는 보금자리를 통째로 찾아냈다. 그런데 토끼들에게 줄 먹이가 없었다. 그러다가 기막힌 생각을 해냈다. 그는 이웃에 있는 아이들에게 나가서 토끼에게 먹일 클로버와 민들레를 충분히 따 오면 아이들의 이름을 토끼에게 붙여주겠다고 했다. 이 계획은 마법처럼 효과가 있었다.

카네기는 어른이 되어서도 그때 일을 잊지 않았다. 똑같은 심리를 사업에 적용해 엄청난 돈을 벌었다. 예를 들어보자.

카네기는 펜실베이니아 철도회사에 강철 레일을 판매하고 싶었다. 당시 펜실베이니아의 회장은 J. 에드거 톰슨(J. Edgar Thomsom, 미국의 기업가—옮긴이)이었다. 그래서 카네기는 피츠버그에 큰 제철소를 짓고 '에드거 톰슨 제철소(Edgar Thomson Steel Works)'라고 이름 붙였다.

자, 수수께끼를 하나 낼 테니 답을 추측해보자. 펜실베이니아 철도회사에서 레일이 필요하다면 J. 에드거 톰슨은 어디에서 구입하겠는가? 시어스(Sears, Roebuck, 미국의 유통업체—옮긴이)에서? 아니다. 틀렸다. 다시 생각해보자.

다른 사례를 들어보자. 카네기와 조지 풀먼(Goerge Pullman, 미국의 엔지니어이자 사업가—옮긴이)이 침대차 사업에서 우위를 다투고 있던 때 강철왕 카네기는 토끼 사건의 교훈을 다시 떠올렸다.

카네기가 지휘하고 있던 센트럴 운송회사(Central Transportation Company)는 풀먼이 소유한 회사와 싸우고 있었다. 두 회사 모두 유니온퍼시픽 철도(Union Pacific Railroad)의 침대차 사업을 두고 서로 맞서고 있었으며, 경쟁적으로 서로 가격을 후려치는 등 이익을 낼 수 있는 모든 기회를 없애며 다투고 있었다. 카네기와 풀먼 모두 유니온퍼시픽의 이사진을 만나러 뉴욕으로 갔다. 어느 날 저녁, 세인트 니콜라스 호텔에서 마주쳤을 때 카네기는 말했다. "안녕하세요, 풀먼 씨. 우리 둘 다 지금 바보짓 하고 있는 거 아닌가요?"

"무슨 뜻입니까?" 풀먼이 되물었다.

카네기는 자신의 생각을 털어놓았다. 두 회사를 합치자는 생각이었다. 그는 서로 싸우는 대신 협력하면 생길 상호 이득에 대해 설명했다. 풀먼은 귀 기울여 들었지만 완전히 설득되지는 않았다.

마지막으로 풀먼이 물었다. "새로운 회사의 이름은 뭐라고 할 건가요?" 그러자 카네기가 주저 없이 말했다. "당연히 풀먼 팰리스 카 회사(Pullman Palace Car Company)죠." 그러자 풀먼의 표정이 밝아졌다. "제 방으로 들어오세요. 같이 얘기해보죠." 이 대화로 산업의 새로운 역사가 만들어졌다.

사람들의 이름을 기억하고 존중하는 카네기의 방침이 바로 그의 리더십이 가진 비결 중 하나였다. 그는 자기 회사의 많은 노동자들의 이름을 외워서 부를 수 있다는 사실을 자랑스러워했다. 그는 자기가 직접 책임지고 있는 동안 제철소가 파업 때문에 멈춰 선 적이 없다는 사실을 자랑하곤 했다.

이름을 기억하는 능력은 모든 분야에서 중요하다

낯선 사람을 소개받고 몇 분간 대화를 나눴을 때 헤어지고 난 후, 많은 이들이 상대방의 이름조차 기억하지 못한다.

정치인이 배워야 할 첫 번째 교훈 중 하나는 다음과 같다. "유권자의 이름을 기억하는 것이 정치력이다. 이름을 잊는 정치인은 잊혀진다."

이름을 기억하는 능력은 정치뿐 아니라 사업과 사회관계에서도 매우 중요하다.

상대방의 이름을 귀로 기억하고 눈으로도 기억하라

프랑스 황제였고 나폴레옹 대왕의 조카였던 나폴레옹 3세는 모든 왕실의 의무를 이행하면서도 자기가 만났던 모든 사람의 이름을 기억할 수 있다고 자랑했다. 그가 사용한 방법은 무엇이었을까?

간단하다. 상대의 이름을 정확히 듣지 못할 때면 그는 "미안하지만, 이름을 잘 못 들었군"이라고 말했다. 그리고 특이한 이름인 경우에는 "어떻게 쓰지?"라고 물었다.

대화중에 나폴레옹 3세는 이름을 여러 번 반복하려 하고, 마음속으로 이름을 그 사람의 특징, 표현, 전반적인 외모와 연결하려고 노력했다. 만약 그 사람이 중요한 사람이라면 나폴레옹은 더 큰 노력을 기울였다.

그리고 혼자가 되면 바로 종이에 그 사람의 이름을 쓰고 쳐다보면서 집중해서 완전히 외운 후 종이를 찢어버렸다. 이런 방식으로 그는 상대의 이름을 귀로 기억하고 눈으로도 기억했다.

사람들이 당신을 좋아하게 하고 싶다면 명심해야 할 세 번째 원칙은 다음과 같다. '상대방의 이름은 그 사람에게 하는 모든 말 중에 가장 사랑스럽고 중요한 소리로 들린다는 사실을 기억하자.'

4장

상대방의 이야기를 잘 듣는 사람이 되어라

대부분의 사람들은 자기 이야기를 잘 들어줄 사람을 원한다

최근에 브리지 게임 파티에 초대를 받은 적이 있다. 개인적으로는 브리지 게임을 좋아하지 않는다. 그런데 파티에서 나처럼 게임에 참여하지 않는 금발 여성이 있었다.

그녀는 내가 한때 로웰 토머스(Lowell Thomas)가 라디오에 진출하기 전에 그의 매니저로 일했고, 그와 함께 유럽을 다니며 당시 그가 진행하고 있던 유럽 여행 프로그램을 도와주었다는 사실을 알게 되었다. 그래서 그녀는 이렇게 말했다. "오, 카네기 씨, 당신이 갔던 모든 멋진 장소들과 구경했던 명소들에 대해 얘기해주세요."

소파에 앉자 그녀는 최근에 남편과 함께 아프리카 여행을 하고 돌아왔다고 말했다. 그녀의 이야기는 족히 45분은 걸렸다. 그녀는 내가 어디 갔었는지, 무엇을 구경했는지 다시는 묻지 않았다. 그녀는 내 여행에 대해 들을 생각이 없었다. 그녀가 원했던 것은 자신의 이야기에 귀 기울여 줄 사람이었고, 그래서 자존감을 높이고 자기가 가본 곳을 이야기하고 싶었던 것이다.

그녀가 특이한가? 그렇지 않다. 많은 사람들이 그녀와 같다.

중요한 것은 대화하고 있는 상대에 대한 깊은 관심이다

성공적인 비즈니스 인터뷰의 비밀은 무엇인가? 친절한 학자였던 찰스 엘리엇(Charles W. Eliot, 40년간 하버드대학교의 총장을 역임한 수학자—옮긴이)에 따르면 그 비결은 간단하다. "성공적인 사업관계에는 특별한 비밀이 없다. 대화하고 있는 상대에 대한 깊은 관심이 매우 중요하다. 다른 어떤 것도 그것보다 상대방을 높여주는 일은 없다."

너무나 자명한 사실 아닌가? 이 사실을 깨닫기 위해 하버드대학교에서 4년이나 공부할 필요는 없다. 하지만 상인들이 다른 사람의 말을 귀 기울여 듣지 않는 직원을 고용하는 바람에 그 직원이 손님의 말을 자르고, 따지고 들고, 손님을 화나게 해서 결국은 가게에서 쫓아내는 경우가 있다는 것을 당신도 알고 나도 안다.

예를 들어보자. J. C. 우튼(J. C. Wootton)이라는 사람이 백화점에서 직접 겪은 일을 들여다보자. 그는 내 수업에서 다음과 같은 이야기를 들려주었다.

우튼은 뉴저지(New Jersey)주 바닷가에 있는 기업 도시 뉴어크(Newark)에 있는 백화점에서 양복을 샀다. 그런데 양복이 실망스러웠다. 코트의 염색이 이염돼서 셔츠 깃에 검게 물들어 있었다. 우튼은 양복을 백화점으로 다시 가져가서 자신에게 판매한 직원을 찾아 자신이 겪은 일을 말했다.

"정확히 말하면 저는 직원에게 '말하려고 시도'했어요. 하지만 할 수가 없었어요. 직원이 제 말을 끊었기 때문이죠. 직원은 이렇게 말했어요. '저희가 이 양복을 수천 벌은 팔았을 겁니다. 그런데 이런 불만은 처음이네요.'

직원은 정확히 그렇게 말했어요. 그런데 더 큰 문제는 직원의 말투였죠. 그의 적대적인 말투는 이렇게 말하는 듯했어요. '당신은 지금 거짓말하는 거잖아. 우리한테 덮어씌울 수 있을 줄로 생각했나 본데, 내가 본때를 보여주겠어.'

한참 언쟁을 하고 있을 때 다른 직원이 끼어들었어요. '어두운색 정장은 처음에 다 이염이 되는 법이에요. 어쩔 수 없는 일이죠. 그 가격대 양복이 다 그렇죠. 염색이 문제인 거죠.'

이쯤 되니 폭발하겠더라고요. 첫 번째 직원은 저의 정직성을 의심했어요. 두 번째 직원은 제가 싸구려 물건을 샀다는 듯이 면박을 주었죠. 화가 치밀었어요. 양복을 가지고 꺼지라고 소리를 지르려던 차에 백화점 점장이 옆을 지나갔죠. 그는 자신의 사업을 잘 아는 사람이었어요. 그 사람 때문에 제 태도가 완전히 변했죠. 화가 난 사람을 만족한 고객으로 바꿔놓았으니까요. 어떻게 했냐고요? 점장은 3가지를 했어요. 첫째, 그 사람은 제 이야기를 처음부터 끝까지 조용히 들어주었어요. 둘째, 제가 말을 마치고 직원들이 다시 그들의 생각을 말하려고 하자 점장은 제 입장에서 그들과 논쟁을 벌였죠. 제 셔츠 깃이 양복 때문에 얼룩졌다는 점을 지적했을 뿐 아니라 완전하게 만족스럽지 않다면 어떤 물건도 팔지 말라고 지시했어요. 셋째, 점장은 문제의 원인을 몰랐다고 인정하곤 내게 '제가 이 양복을 어떻게 해드리면 좋을까요? 원하시는 대로 다 해드리겠습니다'라고 아주 간결하게 말했어요.

몇 분 전까지만 해도 그 빌어먹을 양복을 가져가라고 소리 지를 뻔했어요. 하지만 그때는 점장에게 '조언을 구하고 싶을 뿐입니다. 이 상태가 일시적인 건지 아니면 해결 방법이 있는 건지 알고 싶습니다'라고 대답했어요.

점장은 한 주만 더 입어보라고 제안했어요. 그리고 '만약 그때도 만족스럽지 못하시다면, 다시 가지고 오세요. 고객님이 만족하실 만한 상품으로 바꿔드리겠습니다. 불편을 끼쳐 진심으로 죄송합니다'라고 약속했죠.

저는 만족한 상태로 백화점을 나왔어요. 한 주가 지나자 양복에 더 이상 문제가 없었어요. 그리고 해당 백화점에 대한 신뢰도 완전히 회복되었죠."

그 관리자가 그냥 점원이 아니라 점장이라는 사실은 놀랄 일이 아니었다. 그의 직원들에 대해 말하자면, 그들은 평생 점원으로만 살 깜냥이다. 아니다! 그들은 아마도 포장 부서로 강등되어 고객들과 다시는 만난 일이 없었을 것이다.

내 말을 잘 들어줄 사람은 어려운 상황일 때 더 간절해진다

남북전쟁 중 가장 암울한 시기에 링컨은 일리노이 주 스프링필드에 살고 있는 옛 친구에게 편지를 써서 워싱턴에 와달라고 부탁했다. 링컨은 상의하고 싶은 문제가 있다고 말했다.

그 친구는 백악관으로 찾아왔고, 링컨은 노예해방선언의 타당함에 대해 몇 시간 동안 이야기했다. 링컨은 노예해방에 대한 모든 찬반 주장을 검토했고, 편지와 신문 기사를 읽었다. 그중에는 노예를 해방하려 한다고 비판하는 내용도 있었으며, 노예해방을 하지 않을까 봐 비판하는 내용도 있었다.

몇 시간을 이야기한 다음, 링컨은 친구와 악수하고 인사를 나눈 후 그의 의견을 묻지도 않은 채 일리노이로 돌려보냈다. 이야기는 링컨 혼자 다 했다. 그것만으로도 생각이 정리되는 듯했다.

링컨은 친구에게 조언을 바라지 않았다. 그저 마음을 터놓을 수 있는 우호적이고 공감하며 들어주는 사람이 필요했을 뿐이다. 우리가 어려움에 처했을 때 원하는 것도 바로 그것이다. 화가 난 고객, 불만을 가진 직원, 마음이 상한 친구가 원하는 것도 마찬가지다.

상대가 당신을 피하게 만들려면 그의 말을 수시로 끊어라

사람들이 당신을 피하고, 당신을 뒤에서 조롱하고 경멸하게 만드는 방법을 알고 싶다면, 그 비법이 바로 여기 있다. '다른 사람의 말을 오래 듣고 있지 마라. 끊임없이 당신에 대한 이야기를 늘어놓아라. 다른 사람이 이야기하는 중에 좋은 생각이 떠오르면 상대방의 말이 끝날 때까지 기다리지 말자. 그 사람은 당신만큼 똑똑하지 못하다. 왜 멍청한 사람의 말을 듣느라 시간을 낭비하는가? 말하고 있는 중에 바로 끼어들어서 말을 끊어라.'

주위에 이렇게 행동하는 사람을 알고 있는가? 불행히도 나는 알고 있다. 놀라운 것은 이 중 몇몇은 사교계 인사라는 점이다.

따분한 사람들! 그런 사람들은 모두 따분한 사람들이다. 그들은 자아에 취해 자신이 중요하다는 생각에 젖어 있는 사람들이다.

자기 이야기만 하는 사람들은 자신만 생각한다. 컬럼비아대학교 총장인 니컬러스 버틀러 박사(Dr. Nicholas Murray Butler)는 "자기만 생각하는 사람은 아무리 교육을 많이 받았어도 가망이 없을 정도로 배우지 못한 사람이다"라고 말했다.

다른 사람이 자신에 대해 이야기하도록 격려하자

당신이 대화를 잘하는 사람이 되고 싶다면, 다른 사람의 말에 귀 기울이는 사람이 되어야 한다. 관심을 받고 싶으면, 관심을 가져야 한다. 다른 사람이 대답하고 싶어 하는 질문을 해라. 그 사람이 자신과 자신의 업적에 대해 말하도록 격려해라.

당신과 대화하고 있는 사람은 당신과 당신의 문제보다 자신과 자신의 욕구, 자신의 문제에 훨씬 더 관심이 있다는 사실을 반드시 기억하자. 그 사람에게는 100만 명이 사망한 중국의 기근보다 자신의 충치가 더 중요한 문제며, 아프리카에서 발생한 40여 건의 지진보다 자신의 목에 난 종기가 더 중요한 문제다. 다음에 누군가 대화를 시작할 때 이 점을 기억하자.

사람들이 당신을 좋아하게 하고 싶다면 명심해야 할 네 번째 원칙은 다음과 같다. '잘 들어주는 사람이 되자. 다른 사람이 자신에 대해 이야기하도록 격려하자.'

5장

나의 관심사가 아닌 그의 관심사로 대화하라

상대가 가치 있게 생각하는 것을 주제로 삼아 이야기하라

오이스터 베이(Oyster Bay)에 있는 시어도어 루스벨트를 만나러 가본 사람들은 모두 그의 광범위하고 다양한 지식에 놀랐다. 가마리엘 브래드포드(Gamaliel Bradford, 미국의 전기작가 — 옮긴이)는 이렇게 말했다. "카우보이든, 의용 기병대든, 뉴욕 정치인이든 외교관이든, 루스벨트는 상대방에게 할 말을 알고 있었다."

어떻게 그런 일이 가능했을까? 그 비결은 간단하다. 루스벨트는 방문자가 있을 때마다 전날 밤에 손님이 특히 관심 가질 만한 주제를 주제로 공부하느라 밤을 지새웠다. 모든 지도자들이 그렇듯 루스벨트도 사람의 마음을 사로잡는 방법은 그 사람이 가장 가치 있게 생각하는 것에 대해 이야기하는 것임을 알고 있었기 때문이다.

상대가 관심 있고 좋아할 주제로 이야기하는 건 기본이다

윌리엄 라이언 펠프스(William Lyon Phelps) 예일대학교 문학 교수는 어린 시절에 어떻게 상대방과 이야기해야 하는지 이미 깨달았다. 그는 자신의 에세이집에서 자신이 어린 시절 직접 겪었던 일화를 다음과 같이 소개했다.

펠프스는 여덟 살 때 후서토닉(Housatonic)강가의 스트랫퍼드(Stratford)에 있는 리비 린슬릿 고모 집에서 주말을 보낸 적이 있다. 한 중년 남성이 어느 날 저녁에 고모를 찾아왔다. 그 남자는 고모와 대화를 나눈 후 펠프스에게 관심을 보여주었다. 당시에 펠프스는 보트에 빠져 있었는데, 그 남자는 보트에 관해 아주 흥미로운 이야기를 해주었다.

그 남자가 돌아가고 나서 펠프스는 그 사람에 대해 신이 나서 떠들었다. "고모, 펠프스란 분은 정말 대단한 사람이에요! 그는 보트를 정말 좋아하나봐요!"

고모는 그 남자가 뉴욕 변호사인데 보트를 좋아하지도 않고 관심도 없다고 말했다. 펠프스는 의아해서 고모에게 물었다. "그런데 그는 왜 내내 보트 얘기만 한 거예요?"

"그건 그가 신사이기 때문이지. 네가 보트에 관심이 있는 걸 보고 네가 관심 있고 좋아할 주제에 관해 얘기한 거란다. 예의 있게 행동한 거지."

펠프스는 당시의 경험을 회상하며 이렇게 적었다. "나는 고모의 말을 잊은 적이 없다."

상대방의 관심사를 모르면 다가가기가 상당히 힘들다

이 장을 쓰고 있는 동안 내 앞에는 보이스카우트 활동을 적극적으로 하고 있는 에드워드 L. 찰리프(Edward L. Charlif)에게 받은 편지가 놓여 있다. 찰리프는 편지에 이렇게 적었다.

"한번은 도움이 필요한 때가 있었어요. 대규모 스카우트 잼버리가 유럽에서 열릴 예정이었는데, 미국에서 가장 큰 기업 중 한 곳의 회장에게 스카우트 대원 중 한 명의 참가비용을 부탁하려던 참이었어요. 다행히도 제가 그분을 만나러 가기 전에 그분이 100만 달러 수표를 발행했는데 수표가 취소되어 액자에 보관해두었다는 말을 들었어요. 그래서 그분 사무실에 들어가자마자 가장 먼저 그 수표를 보여줄 수 있냐고 물었죠. 100만 달러짜리 수표라니! 저는 그렇게 큰 금액이 적힌 수표를 본 적이 없었고, 아이들에게 돌아가서 실제로 그 수표를 보고 왔다고 말해주고 싶다고 했어요. 회장은 기꺼이 제게 수표를 보여주었죠. 저는 수표를 보고 감탄하며, 수표를 발행하게 된 이야기를 들려달라고 했어요."

이미 알아챘겠지만 찰리프 씨는 보이스카우트나 유럽에서 열릴 잼버리나 자기가 원하는 것에 대해 이야기하지 않았다. 그는 상대방이 관심 있는 주제에 관해 이야기했다. 그 결과는 다음과 같다.

"회장은 곧 이렇게 말했어요. '그런데 무슨 일로 저를 만나자고 하신 건가요?' 그래서 저는 제가 온 이유를 말했죠. 놀랍게도 그는 곧바로 제 부탁을 들어주었고, 그 이상을 해주었어요. 저는 회장에게 한 아이를 유럽에 보내달라고 부탁했는데, 다섯 명의 아이와 저까지 보내주시고 1천 달러짜리 신용장을 써주면서 유럽에 7주 동안이나 머물게 해주셨어요. 게다가 유럽 지사장들에게 소개장을 써서 그분들이 우리를 도와주셨고, 직접 파리까지 오셔서 파리 구경도 시켜주셨어요. 그 이후로 가정형편이 어려운 아이들에게 일자리를 주시고, 지금까지 보이스카우트에서 적극적으로 활동하고 계세요. 만약 그의 관심사를 몰라서 처음에 분위기를 띄우지 못했다면 회장에게 다가가기가 열 배는 어려웠을 거예요."

나의 비즈니스 본론보다는 일단 그의 관심사에 주목하라

앞선 에드워드 찰리프의 방법을 사업에도 적용할 수 있을지 살펴보자. 뉴욕 최고급 제빵업체인 뒤베르누아 앤 선즈(Duvernoy & Sons)의 헨리 G. 뒤베르누아(Henry G. Duvernoy)의 사례다.

뒤베르누아 씨는 뉴욕의 한 호텔에 빵을 팔기 위해 노력했다. 4년간 매주 호텔 경영자를 만나러 갔고, 그들이 참석하는 사교모임에도 나갔다. 심지어 빵을 팔기 위해 호텔에 투숙하기도 했다. 하지만 늘 실패였다.

뒤베르누아 씨는 이렇게 말했다. "인간관계를 공부한 후에 전략을 바꾸기로 했어요. 저는 이 사람이 어디에 관심 있어 하는지, 좋아하는 분야가 무엇인지 알아내기로 했죠."

"그러다가 그 호텔 경영자가 미국 호텔인 협회(Hotel Greeters of America)라는 호텔인들의 사교모임에 속해 있다는 사실을 알게 되었죠. 그는 모임에 속해 있는 정도가 아니라 열정이 넘쳐서 협회 회장과 국제협회 회장도 맡고 있었죠. 회의가 어디서 열리든 간에 산 넘고 사막이나 바다를 건너더라도 꼭 참석한다는 사실도요."

"그래서 다음날 그를 만났을 때 협회에 대한 이야기를 꺼냈어요.

반응이 얼마나 대단하던지! 그는 협회에 관해 30분 동안 열정적인 말투로 이야기하더군요. 이 협회가 그 사람에게는 취미이고 가장 열정을 가진 일이라는 걸 단번에 알 수 있었어요. 그의 사무실을 나서기 전에 제게 자기 협회 회원권을 팔더라고요. 그러는 동안 저는 빵에 대해 한마디도 꺼내지 않았어요. 그런데 며칠이 지난 후 그 호텔 직원이 저에게 전화를 걸어 샘플과 가격표를 가지고 오라더군요. 직원이 인사를 건네며 '어떻게 하셨는지 모르겠지만 그분이 분명 당신에게 넘어가셨어요!'라고 말했어요. 한번 생각해보세요! 저는 4년 동안 그분을 쫓아다니며 계약을 따보려 노력했어요. 만약 그분이 좋아하고 이야기하고 싶어 하는 것이 무엇인지 알아내지 못했다면, 아직도 계속 따라다니고 있었을 거예요."

사람들이 당신을 좋아하게 하고 싶다면 명심해야 할 다섯 번째 원칙은 다음과 같다. '상대방의 관심사에 대해 이야기하라.'

6장

그가 중요한 사람임을 진심으로 이야기해줘라

그에 대해 무언가 듣기 좋은 말을 진심을 담아 건네보자

나는 뉴욕 33번 도로와 8번가가 만나는 곳에 위치한 우체국에서 등기를 부치려고 줄을 서 있었다. 그러다 등기 담당 직원이 편지 무게를 달고, 우표를 건네주고, 거스름돈을 돌려주고, 영수증을 발행하고, 매번 똑같은 단조로운 작업을 되풀이해야 하는 일에 지루해하고 있다는 사실을 눈치챘다.

그래서 나는 혼자 속으로 생각했다. '저 친구가 나를 좋아하게 만들어봐야겠다. 나를 좋아하게 만들려면 나에 대해서가 아니라 저 사람에 대해 무언가 듣기 좋은 말을 해야지.'

그래서 스스로 질문해보았다. '저 사람에게서 내가 진심으로 멋지다고 생각하는 부분이 무엇일까?'

가끔은 이 질문에 답하기 어려울 때도 있다. 하지만 이 경우에는 어렵지 않았다. 나는 그에게서 대단히 존경할 만한 점을 바로 알 수 있었다.

그래서 그 직원이 봉투 무게를 다는 동안 나는 열정을 담아 말했다. "저도 당신처럼 숱이 많았으면 좋겠어요."

그는 약간 놀란 듯했지만 미소를 지으며 나를 올려다보았다. "글쎄요. 예전만은 못해요." 그는 겸손하게 말했다. 나는 그에게 젊었을 때 만큼은 아닐 수 있지만 여전히 멋지다고 칭찬했다. 내 말에 그는 대단히 기뻐했다.

우리는 즐거운 수다를 이어갔고, 마지막에는 그가 이렇게 말했다. "제 머리숱을 부러워하는 사람이 많아요."

장담컨대 그 직원은 그날 하늘을 나는 기분으로 점심을 먹으러 갔을 것이다. 저녁에는 집으로 돌아가 아내에게 내 이야기를 들려주었을 것이다. 그리고 거울을 보며 "정말 머리가 아름답군"이라고 말했을 것이다.

이 이야기를 사람들에게 들려준 적이 있다. 그러자 한 사람이 이렇게 질문했다. "그 사람에게서 무엇을 얻어내려 하신 건가요?"

내가 무엇을 얻어내려 했냐니! 내가 무언가를 바라고 했다고? 만약 우리가 경멸할 정도로 이기적이어서 보상이 없으면 소소한 행복을 나누고 상대를 인정해줄 수 없는 사람이라면, 만약 우리의 영혼이 시큼털털한 야생 능금만 하게 작다면 실패를 경험하는 것은 당연하다. 그런데 사실 그 말이 맞다. 나도 그 친구에게 바라는 것이 있었다. 내가 바란 것은 가치를 매길 수 없는 것이었다. 그리고 나는 그것을 얻었다. 나는 그 사람이 내게 보상해줄 수 있는 것이 없어도 '내가 무언가를 그에게 해주었다'는 느낌을 원했다. 그런 느낌이야말로 오랜 시간이 지나도 기억 속에서 빛나고, 귓가에 맴돌 것이다.

상대방이 중요한 사람이라는 생각이 들도록 대하라

인간 행동에 관한 아주 중요한 법칙이 하나 있다. 우리가 그 법칙을 지키면 곤란한 상황을 마주할 일이 거의 없을 것이다. 사실 그 법칙을 지키면 아주 많은 친구를 얻고 변함없는 행복을 누리게 될 것이다. 하지만 이 법칙을 어기는 순간 우리는 끝없는 문제에 봉착할 것이다. 그 법칙은 다음과 같다. '언제나 상대방이 중요한 사람이라는 생각이 들도록 대하라.'

앞에서도 소개한 바 있듯, 존 듀이 교수는 이렇게 말했다. "중요한 사람이 되고 싶은 욕망은 가장 근본적인 인간 본성이다. 인간 본성의 가장 근본적인 원리는 인정받고 싶은 갈망이다." 인간을 동물과 구분하는 특징이 바로 이 갈망이며, 이 갈망 덕분에 문명이 이루어졌다.

남에게 대접을 받고자 하는 대로 남을 대접하자

철학자들은 인간관계의 원칙에 관해 수천 년 동안 고찰해왔으며, 그 결과 한 가지 중요한 교훈을 얻을 수 있었다. 이 교훈은 새로운 사실이 아니며, 인간 역사만큼이나 오래된 내용이다.

조로아스터는 3천 년 전 페르시아에서 신자들을 모아놓고 이 교훈을 가르쳤다. 중국에서는 2,400년 전 공자가 이 교훈을 가르쳤다. 부처는 예수님이 태어나기 500년 전에 갠지스 강가에서 이 교훈을 가르쳤다. 힌두교의 경전에서는 그보다 천 년이나 앞서 이 가르침을 전했다. 예수님은 1,900년 전에 유대인의 돌투성이 언덕에서 이 교훈을 말씀하셨다. "남에게 대접을 받고자 하는 대로 너희도 남을 대접하라."

사람은 자기가 만나는 사람들에게서 인정을 받고 싶어 한다. 사람은 자신의 진정한 가치를 인정받고 싶어 한다. 자기 세상 안에서는 중요한 사람이라는 느낌을 받고 싶어 한다. 진실하지 않은 싸구려 아첨이 아닌 진정한 인정을 원한다.

우리는 친구와 동료들에게서 진심으로 인정받고, 아낌없이 칭찬받고 싶어 한다. 그러니 남에게 대접을 받고자 하는 대로 남을 대접하자. 어떻게? 언제? 어디서? 대답은 이렇다. "언제. 어디서나!"

사소한 말 한마디로 그를 인정하면 하루가 행복해진다

내가 라디오 시티(Radio City)의 안내 직원에게 헨리 소베인(Henry Souvaine) 사무실 번호를 물어본 적이 있다. 깔끔한 유니폼을 입은 그 직원은 정보를 나누어주는 데 스스로 자부심을 가지고 있었다. 그는 분명하고 정확한 말투로 대답했다. "헨리 소베인. (잠시 멈춤) 18층. (잠시 멈춤) 1816호입니다."

나는 엘리베이터로 달려가다가 잠깐 멈춰서 다시 직원에게 돌아가 말했다. "제 질문에 멋지게 대답해주셔서 감사합니다. 아주 분명하고 정확하게 대답해주셨습니다. 마치 예술가처럼 말씀해주셨어요. 아주 드문 일이죠."

기쁨에 찬 표정으로 그는 내게 왜 자기가 그렇게 말을 끊어서 정확히 말했는지 이유를 말했다. 내 몇 마디 말로 그의 자존감이 높아졌다. 그리고 나는 18층에 올라가는 동안 그날 오후 인간의 행복 총량을 조금은 더한 것 같은 뿌듯한 기분이 들었다.

당신이 프랑스 대사가 되거나 큰 규모의 사교클럽 회장이 된 후에야 인정의 철학이 필요한 것은 아니다. 이 철학은 거의 매일 마법과 같은 효과를 낼 수 있다. 예를 들어 만약 종업원이 감자튀김을 시켰는데 으깬 감자를 가지고 오면 이렇게 말해보자. "귀찮게 해서 죄송하지만, 저는 감자튀김을 더 먹고 싶은데요." 그러면 종업원이 이렇게 대답할 것이다. "전혀 귀찮지 않습니다." 그리고 당신이 자기를 존중해줘서 기뻐할 것이다.

'귀찮게 해서 죄송하지만' '실례지만' '부탁드리지만' '괜찮으시다면' '고맙습니다' 등과 같은 사소한 말은 일상의 단조로운 쳇바퀴의 톱니바퀴를 부드럽게 돌아가게 하는 작은 예절이다. 이와 더불어 이러한 말은 제대로 가정교육을 받았다는 표시이기도 하다.

그 사람의 세상에서 그는 중요한 존재이다

자명한 사실은, 당신이 만나는 거의 모든 사람은 어떤 면에서는 당신보다 자기가 우월하다고 생각한다는 것이다. 그러므로 상대방의 마음에 다가서는 확실한 한 가지 방법은 '그 사람의 세상에서 그가 중요한 존재임을 당신이 진심으로 인식하고 있다'는 것을 살며시 그가 깨닫게 하는 것이다.

에머슨의 말을 기억하자. "내가 만난 모든 사람은 어떤 면에서 나보다 우수하다. 그래서 나는 그들에게서 배운다."

한심한 것은 성취감을 정당화할 수 없는 사람들이 보통 겉으로 소리를 지르거나 공격적이고 추하게 소란을 피우고 우쭐대는 것으로 자신의 내적 부족함을 채운다는 점이다.

이런 사람들을 셰익스피어는 이렇게 표현했다. "인간, 자만한 인간이여! 하찮은 순간의 권위를 입고 드높은 하늘 앞에서 천사들도 슬퍼할 터무니없는 수작을 부리는구나."

그저 그에게 그 자신에 관해 이야기해주기만 하면 된다

여성이 당신을 사랑하게 하는 방법을 알고 싶은가? 여기 이 비밀이 있다. 효과적인 방법이다. 내 생각은 아니고, 도로시 딕스(Dorothea Dix, 미국의 작가이자 여성사회운동가 — 옮긴이)의 말이다.

그녀는 여성 23명의 마음과 돈을 훔친 유명한 중혼자를 인터뷰한 적이 있다. (참고로, 딕스가 인터뷰한 남성은 감옥에 수감중이었다.) 딕스가 그에게 여성의 마음을 사로잡는 비결을 묻자 그는 비결 같은 건 따로 없다고 말했다. 그저 여성에게 그녀 자신에 관해 이야기해주었을 뿐이라고 했다.

이 방법은 당연히 여성뿐 아니라 남성에게도 효과가 있다. 대영제국을 통치했던 가장 판단력이 빨랐던 사람이었던 벤저민 디즈레일리(Benjamin Disraeli, 영국의 제40대 수상 — 옮긴이)는 이렇게 말했다. "누군가에게 그 사람에 관해 이야기하면, 그 사람은 몇 시간이고 이야기를 들을 것이다."

사람들이 당신을 좋아하게 하고 싶다면 명심해야 할 여섯 번째 원칙은 다음과 같다. '상대방이 중요한 사람이라는 느낌을 받도록 대하라. 진심으로 그렇게 행동해라.'

How to Win Friends
and Influence people

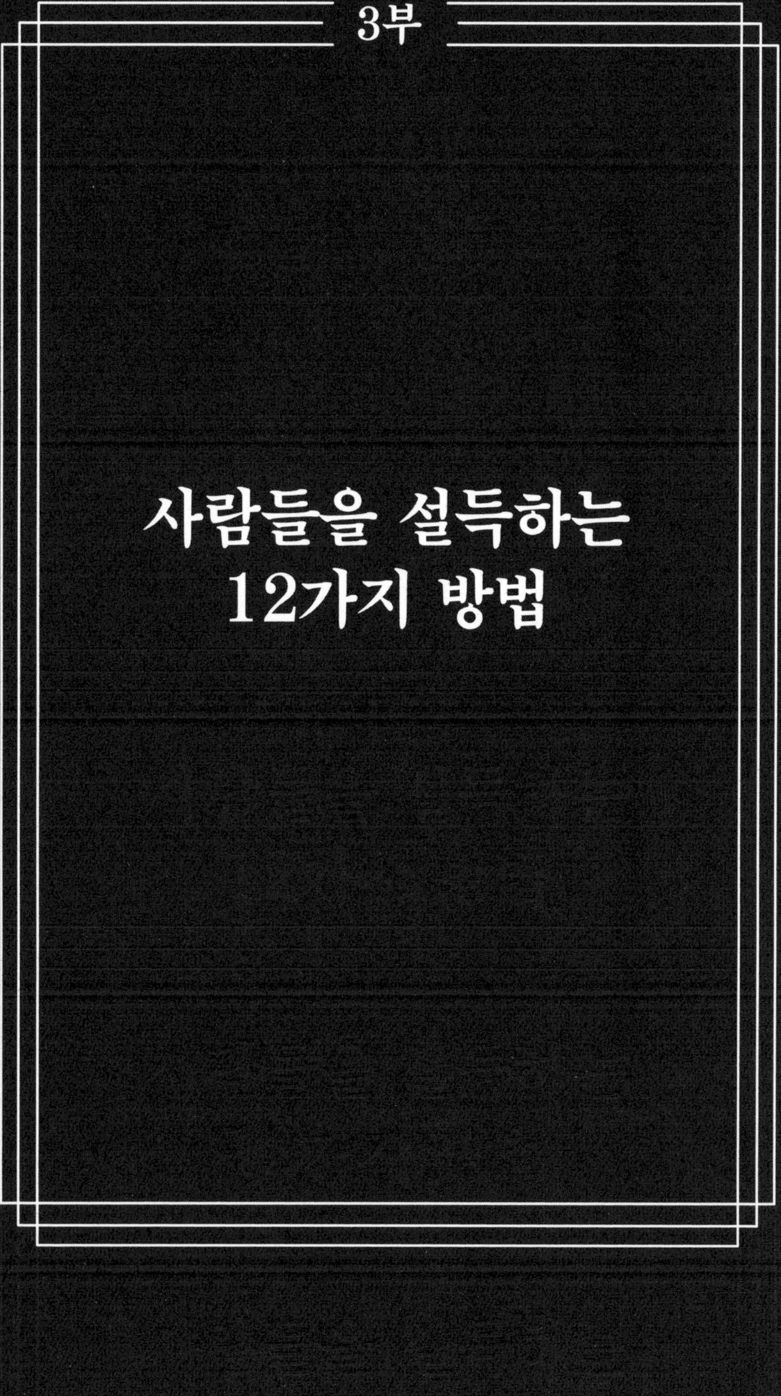

3부

사람들을 설득하는 12가지 방법

Dale Carnegie

1장

어떻게든 상대방과의 논쟁을 피하라

상대방의 말이 틀렸더라도 그걸 굳이 지적하지 마라

1차 세계대전이 끝난 지 얼마 되지 않은 어느 날 밤, 나는 런던에서 귀중한 교훈을 얻었다. 당시 나는 로스 스미스 경(Sir Ross Smith)의 매니저로 일하고 있었다. 전쟁 중에 로스 경은 팔레스타인에서 호주 우수 조종사로 활약했고, 평화가 선언된 직후 30일 만에 전 세계 절반을 비행해 사람들을 놀라게 했다. 이러한 시도는 이전에 없던 일이어서 세상을 떠들썩하게 했다. 호주 정부는 그에게 5만 달러를 지원했고, 영국 국왕은 그를 기사로 임명했다. 한동안 그는 영국에서 가장 많이 회자되는 인물이 되었다. 가히 '대영제국의 린드버그(Lindberg, 미국의 조종사 — 옮긴이)'라 부를 만했다.

하루는 로스 경을 위한 연회에 참석한 적이 있다. 저녁 식사 시간 동안 내 옆에 앉은 남자는 '인간이 목표를 대충 정하면 완성은 신이 하신다'라는 인용구와 관련된 재미있는 이야기를 했다.

그 이야기를 들려준 남자는 그 인용구가 성경 구절이라고 말했다. 하지만 그 남자의 말은 틀렸다. 나는 그가 틀렸다는 걸 확실히 알고 있었다. 의심의 여지가 없었다. 그래서 내가 중요한 사람이라는 느낌을 받고, 내가 우월하다는 것을 보여주기 위해 누가 물어보지도 않고 환영하지도 않는데 그의 오류를 고쳐주기로 결심했다.

그런데도 그는 자기 의견을 굽히지 않았다. "뭐라고요? 셰익스피어라고요? 말도 안 돼요! 터무니없는 소리! 이건 성경 구절이에요! 내가 안다니까요!"

그 남자는 내 오른쪽에 앉아 있었고, 내 오랜 친구인 프랭크 개몬드(Frank Gammond)가 왼쪽에 앉아 있었다. 개몬드 씨는 여러 해 동안 셰익스피어에 대해 연구했다. 그래서 그 이야기꾼 남자와 나는 개몬드 씨에게 물어보기로 했다. 개몬드 씨는 내 질문을 듣더니 식탁 밑으로 나를 가볍게 발로 차고선 이렇게 대답했다. "데일, 자네가 틀렸어. 이 신사분이 맞아. 그건 성경 구절이야."

그날 밤 집으로 돌아오는 길에 나는 개몬드 씨에게 말했다. "프랭크, 그 인용문은 셰익스피어가 쓴 거라는 걸 알고 있었잖아."

그가 대답했다. "물론이지. 『햄릿』 5막 2장에 나오지. 하지만 우리는 연회에 손님으로 갔잖아. 굳이 그 사람이 틀렸다는 걸 증명할 필요가 있어? 그렇게 하면 그 사람이 너를 좋아할까? 그냥 그 사람의 체면을 살려주면 되잖아. 그 사람이 네 의견을 물은 것도 아니고, 원하지도 않았어. 그런데 넌 왜 그 사람과 논쟁하려고 해? 불필요한 갈등은 피해야 하는 법이야."

"불필요한 갈등은 피해야 하는 법이야"라고 내게 말해주었던 그 친구는 세상을 떠났지만, 그가 내게 가르쳐준 교훈은 여전히 남아 있다. 나는 당시에 늘 버릇처럼 논쟁을 하던 사람이었기에 그의 말은 내게 꼭 필요한 교훈이었다.

논쟁에서 이기는 유일한 방법은 논쟁을 피하는 것이다

어릴 때 나는 동생과 세상 모든 것을 두고 논쟁했다. 대학에 다닐 때에는 논리학과 논증을 공부했고, 토론 대회에도 참여했다.

이후에는 뉴욕에서 토론과 논증을 가르쳤다. 부끄럽지만 그 주제에 관해 책을 쓸 계획도 있었다. 그때 이후로 수없이 많은 논쟁을 듣고, 비판하고, 참여하고, 논쟁이 미치는 영향을 지켜봤다. 그 결과 '논쟁에서 이기는 단 하나의 방법은 바로 논쟁을 피하는 것'이라는 결론을 얻었다. 방울뱀이나 지진을 피하듯 논쟁을 피하라.

논쟁 후에 열에 아홉은 논쟁에 참여했던 사람이 자신이 절대적으로 옳다고 더욱 확신하게 된다. 그러니 논쟁을 이길 방법은 없다. 논쟁에서 지면 지는 거고, 논쟁에서 이겨도 지는 거다.

왜냐고? 글쎄, 다른 사람과의 논쟁에서 이기고, 그의 주장을 잔뜩 비판하고 상대방이 제정신이 아니라고 증명했다 치자. 그다음엔 뭐가 남는가? 당신은 기분이 좋을 수 있겠지만, 상대방은 어떨까? 당신은 상대방이 열등감을 느끼게 만들었고, 그의 자존심에 상처를 준 셈이다. 그는 당신의 승리를 분하게 여길 것이다. 게다가 자기 의지에 반해 설득당한 사람은 자기 의견을 절대 바꾸지 않는다.

말다툼하고 논쟁하는 영업사원은 물건을 팔 수 없다

펜 생명보험회사(Penn Mutual Life Insurance Company)는 영업사원들에게 명확한 방침을 내렸다. "논쟁하지 말 것!"

진정한 판매기술은 논쟁이 아니다. 논쟁과는 거리가 멀다. 인간의 마음은 그런 식으로는 바뀌지 않는다.

예를 들어 몇 년 전 패트릭 J. 오헤어(Patrick J. O'Haire)라는 이름의 공격적인 태도를 지닌 아일랜드 남성이 수업에 참여한 적이 있다. 교육을 제대로 받지 못한 사람이었는데, 얼마나 호전적이던지! 그는 한때 운전사였다가 트럭 판매를 하고 있었는데, 별다른 성공을 거두지 못해 내 수업을 들으러 왔다. 몇 가지 질문을 통해 그는 항상 물건을 사려고 온 사람들과 끊임없이 다투고 그들을 적대시한다는 사실을 알게 되었다. 고객이 될 사람이 자기가 파는 트럭에 대해 조금이라도 비판적인 말을 하면, 패트릭은 몹시 화를 내며 그 사람에게 달려들었다. 당시에는 논쟁에서 이기는 경우가 많았다. 나중에 그는 내게 이렇게 말했다. "어떤 사람의 사무실에서 나오면서 '내가 제대로 가르쳐 주고 왔지'라고 말한 적이 많았어요. 물론 제 할 말은 하고 왔지만, 결국 아무것도 팔지 못했어요."

내가 당면한 문제는 패트릭 J. 오헤어에게 말하는 법을 가르치는 것이 아니었다. 내게 당장 주어진 과제는 그가 말하고 싶어도 참고 언쟁을 피하는 것이었다.

세월이 흘러 오헤어 씨는 현재 뉴욕 화이트 모터 컴퍼니(White Motor Company)의 최고 영업사원이 되었다. 어떻게 그렇게 되었을까?

오헤어는 이렇게 말했다. "제가 구매자의 사무실에 들어갔는데 상대방이 '뭐라고요? 화이트 트럭이요? 별로예요! 공짜로 준다고 해도 안 가져요. 저는 후지트 트럭을 살 거예요'라고 말하면, 저는 '고객님, 들어보세요. 후지트도 좋은 트럭이에요. 후지트를 산다고 해도 후회하시지 않을 거예요. 제조사도 좋고 직원들도 훌륭하죠'라고 말합니다. 그러면 상대방이 할 말을 잃죠. 논쟁할 여지가 없으니까요. 만약 후지트 트럭이 최고라고 하는 데 제가 동의하면 더 이상 할 말이 없는 거죠. 오후 내내 '그 트럭이 최고예요'라고 말할 수는 없으니까요. 그러면 후지트 트럭이라는 주제에서 벗어나 화이트 트럭의 장점에 대해 이야기할 수 있어요.

예전에는 그런 충돌이 생기면 화가 날 때도 있었어요. 후지트 트럭에 대해 비판을 시작하고 논쟁하면 할수록 상대방은 자기 의견을 주장하고, 그 사람이 더 강력하게 주장할수록 제 경쟁자의 제품을 살 가능성이 커졌죠.

이제 와서 돌이켜보면 제가 어떻게 물건을 팔 수 있었는지 모르겠어요. 말다툼하고 논쟁하느라 몇 년을 허비했어요. 이제는 입을 닫고 있어요. 그래서 돈을 벌지요."

상대방의 호의를 얻을 수 없다면 공허한 승리일 뿐이다

현명했던 벤저민 프랭클린은 이렇게 말하곤 했다. "논쟁하고 상대의 마음을 다치게 하고 반박하면, 승리를 얻을 때도 있다. 하지만 상대방의 호의를 얻을 수 없다면 공허한 승리일 뿐이다."

그러니 스스로 판단해보자. 어떤 것이 더 좋은지. 학구적이고, 극적인 승리인가, 아니면 다른 사람의 호의인가? 둘 다 얻는 경우는 많지 않다.

논쟁을 하기보다는 중요한 사람이라는 느낌을 줘라

우드로 윌슨(Woodrow Wilson, 미국의 제28대 대통령 — 옮긴이) 내각의 재무장관이었던 윌리언 G. 맥아두(William G. McAdoo, 미국의 정치인 — 옮긴이)는 오랜 시간 정치에 몸담은 결과 '논쟁으로 무지한 사람을 이기는 것은 불가능하다'라는 사실을 깨달았다고 말했다.

'무지한 사람'이라고? 맥아두 장관이 순화해서 말한 거다. 내 경험에 따르면 지능과 상관없이 논쟁으로 그 어떤 사람의 마음도 바꾸기란 불가능하다.

예를 들어보자. 세무사였던 프레드릭 S. 파슨스(Frederick S. Parsons)는 정부 세무조사관과 한 시간이 넘게 논쟁을 벌이고 있었다. 9천 달러를 두고 벌어진 논쟁이었다. 파슨스 씨는 9천 달러가 회수할 수 없는 대손에 해당하기 때문에 과세 대상이 될 수 없다고 주장했다.

"대손이라뇨? 말도 안 됩니다!" 조사관이 반박했다. "과세 대상이에요."

파슨스 씨는 수업 시간에 이 이야기를 나눴다. "그 조사관은 냉정하고, 거만하고, 고집이 셌어요. 논리가 통하지 않았고, 사실을 말해도 듣지 않았어요. 논쟁이 계속될수록 그 사람의 고집만 세졌죠. 그래서 논쟁을 피하고 주제를 바꿔서 그 사람을 인정해주기로 마음먹었죠.

저는 조사관에게 이렇게 말했어요. '당신이 해야 하는 굉장히 중요하고 어려운 결정들에 비하면 이런 문제는 아주 사소한 문제겠죠. 저도 세무 공부를 했습니다. 하지만 저는 책으로 지식을 배운 반면, 당신은 현장에서 직접 경험으로 배우고 계시네요. 가끔은 당신과 같은 직업이 부럽습니다. 정말 많이 배울 수 있을 것 같아요.' 제가 한 말은 모두 진심이었죠.

그랬더니 조사관이 자세를 고쳐 앉고 등을 기대더니 한참 동안 자기 업무에 관해 얘기하더군요. 자신이 찾아낸 교묘한 사기사건 얘기도 했어요. 점점 말투가 상냥하게 변했고, 이내 자기 아이들에 대해서도 얘기하더군요. 사무실을 나서면서 그는 제 문제를 좀 더 생각해보겠다며 며칠 후에 결정 사항을 알려주겠다고 했어요.

사흘 후에 그 조사관은 다시 제 사무실에 와서 제가 소득 신고한 내용 그대로 진행하기로 했다고 말했어요."

이 세무 조사관은 인간의 가장 흔한 약점을 보여주었다. 그는 중요한 사람이라는 느낌을 받길 원했다. 파슨스 씨가 그와 논쟁을 벌이는 동안에는 큰 소리로 권위를 내세우며 자기가 중요한 사람이라는 느낌을 받으려고 했다. 하지만 자기가 중요한 사람이라는 것이 인정되는 순간 논쟁은 멈췄고, 그의 자존감이 높아지면서 그는 공감 능력이 있고 친절한 사람이 되었다.

양측 다 옳은 경우에는 큰일이라도 양보해라

링컨이 한번은 한 젊은 육군 장교가 동료와 격한 논쟁을 벌인 것을 보고 질책한 적이 있다. 그렇다. 자신의 능력을 최대한 발휘하기로 결심한 사람은 자기 논쟁에 허비할 시간이 없다. 하물며 화를 내고 자제력을 잃는 것 같은 결과를 감당할 여유는 더더욱 없다.

양측 다 옳은 경우에는 큰일이라도 양보해라. 심지어 분명히 자기가 옳은 경우여도 사소한 일은 양보해라. 권리를 놓고 개와 경쟁하다가 물리느니 그냥 개에게 길을 양보하는 편이 낫다. 물린 후에는 개를 죽인다 해도 상처는 낫지 않는다.

사람들을 설득하고 싶다면 명심해야 할 첫 번째 원칙은 다음과 같다. '논쟁에서 이기는 유일한 방법은 논쟁을 피하는 것이다.'

2장

상대방이 틀렸다고 절대 이야기하지 마라

상대방의 면전에서 무언가를 증명하려 하지 마라

시어도어 루스벨트가 대통령이었을 때 그는 "매사에 75%만 옳아도 자신이 바라는 최고의 기대치에 도달하는 것"이라고 고백한 적이 있다. 20세기에 가장 성공한 사람 중 한 명이 정해놓은 최대 기대치가 그 정도라면 우리는 어느 정도겠는가?

55% 정도만 옳다고 확신할 수 있어도 당신은 월스트리트에서 일하고, 하루에 100만 달러를 벌고, 비싼 요트를 사고, 멋진 여성을 만나 결혼할 수 있다. 만약 55%의 확신도 없다면, 어떻게 다른 사람에게 틀렸다고 말할 수 있겠는가?

굳이 유창하게 말하지 않아도 표정이나 억양, 몸짓을 통해 상대방이 틀렸다고 전달할 수 있다. 그런데 직접 틀렸다고 말하면 듣는 사람이 당신의 의견에 동의하겠는가? 절대 그렇지 않다! 그렇게 하면 상대방의 지성과 판단, 자부심, 자존심에 직접적으로 타격을 가하기 때문이다. 당연히 상대방은 그 말을 받아치려 할 것이고, 절대 자기 생각을 바꾸려 하지 않을 것이다. 그렇게 된 이상 플라톤이나 칸트의 논리를 쏟아놓아봤자 이미 감정이 상한 상대방이 마음을 돌이키기란 만무하다.

절대로 "내가 무엇무엇을 당신에게 증명하겠다"라는 식으로 대화를 시작해서는 안 된다. 나쁜 방법이다. 이는 "나는 당신보다 똑똑하다. 내가 한 수 가르쳐줄 테니 생각을 바꿔라"고 말하는 것과 마찬가지다. 이런 화법은 상대에게 도전하는 것이다. 상대방의 반감만 불러일으키게 되고, 결국 하고자 하는 말을 시작도 하기 전에 듣는 사람은 당신과 싸우고 싶어질 것이다.

아무리 좋은 상황에서도 사람의 마음을 바꾸기란 어렵다. 굳이 왜 상황을 어렵게 만들려 하는가? 왜 자신에게 손해가 되는 일을 하는가? 무언가를 증명하려 한다면, 아무도 알지 못하게 해야 한다. 아주 교묘하고 영리한 방법을 사용해 아무도 당신이 증명하고 있다는 사실을 느끼지 못하게 해야 한다.

체스터필드 경(Lord Chesterfield, 영국의 정치인이자 작가—옮긴이)은 아들에게 이렇게 말했다. "할 수 있다면 다른 사람보다 현명해져라. 하지만 사람들에게 그 사실을 알리지 마라."

그렇다. 사람은 가르치지 않고 있다는 듯이 가르쳐야 한다. 알지 못하는 것이 있다면 잊어버린 것이라고 상대방이 생각하게 하라.

"당신은 틀렸다"라고 말하는 것을 제발 그만둬라

소크라테스는 아테네에서 자기 추종자들에게 반복해서 말했다. "내가 알고 있는 단 한 가지 사실은 내가 아무것도 모른다는 사실이다." 소크라테스는 당연히 자기 추종자들이 자신보다 현명해질 리가 만무하기 때문에 다른 사람에게 당신이 틀렸다고 말하는 것을 그만뒀다. 그리고 그 결정은 효과가 있었다.

어떤 사람이 당신이 생각하기에 틀린 말을 한다면, 그가 틀린 말을 하는 게 분명하다 해도, 이렇게 말하는 편이 좋지 않을까? "글쎄, 그런데 한번 보세요! 저는 다르게 생각하긴 하는데 제 말이 틀릴 수도 있어요. 자주 틀리기도 하거든요. 제가 틀렸다면 바로잡고 싶어요. 사실을 함께 살펴볼까요?"

"제 말이 틀릴 수도 있어요. 자주 틀리기도 하거든요. 사실을 함께 살펴볼까요?"라는 말에는 마법과 같은 효과가 있다.

그가 분명히 틀렸더라도 직설적으로 지적하지 마라

어떤 사람의 말이 분명히 틀린 경우, 그것을 직설적으로 지적하면 어떤 일이 벌어질까? 구체적인 예를 들어보자.

뉴욕의 한 젊은 변호사 S씨가 최근에 미국 대법원에서 아주 중요한 사건(Lustgarten v. Fleet Corporation 280 U.S. 320, 러스트가든 대 플리트 코퍼레이션 사건)에 대해 논쟁 중이었다. 이 사건은 상당한 액수의 돈과 중요한 법률문제가 얽혀 있었다. 논쟁중에 대법원 판사 중 한 명이 S씨에게 물었다. "해상법의 공소시효가 6년이지 않나요?"

S씨는 잠시 멈춰서 판사를 잠시 응시했다. 그리고 직설적으로 말했다. "판사님, 해상법에는 공소시효가 없습니다."

S씨가 자신의 경험과 수업 내용을 연관시켜 말했다. "순간 법정 안의 공기가 얼어붙듯 냉랭해졌죠. 제가 옳았고, 판사님은 틀렸습니다. 그래서 그렇다고 말했죠. 하지만 그렇게 해서 판사님과 우호적인 관계가 되었을까요? 그렇지 않았습니다. 저는 지금도 법이 제 편에 있었다고 생각합니다. 그리고 어느 때보다 훌륭하게 변론했어요. 하지만 설득하는 데는 실패했습니다. 대단히 학식이 높고 유명한 사람에게 대놓고 틀렸다고 말하는 엄청난 실수를 범했으니까요."

불편한 진실을 상대방에게 관철하려 하지 마라

한번은 인테리어 디자이너를 고용해 집에 커튼을 단 적이 있다. 청구서를 받아들고 숨이 턱 막혔다.

며칠 후 친구가 집으로 찾아와 커튼을 보았다. 가격을 얘기하자 그 친구가 의기양양하게 말했다. "뭐라고? 말도 안 돼. 그 사람이 바가지 씌운 거야."

친구의 말이 사실이었을까? 맞다. 친구는 사실을 이야기했다. 하지만 자기 판단력을 비판하는 진실을 듣고 싶어 하는 사람은 세상에 없다. 그래서 나도 인간인지라 내 입장을 변호하기 시작했다. 가장 질 좋은 제품을 사는 것이 결국 가장 돈을 아끼는 방법이라는 둥, 할인 제품으로는 품질과 미적 감각을 둘 다 잡을 수 없다는 둥 이런저런 변명을 친구에게 늘어놓았다.

다음날에는 또 다른 친구가 집에 들렀는데, 그 친구는 커튼을 보고 멋지다며 감탄했고, 커튼에 크게 관심을 보이며 자기도 집에 이렇게 세련된 커튼을 달 수 있는 여유가 있으면 좋겠다고 말했다. 그 말을 들은 나도 전날과는 완전히 다르게 반응했다. "솔직히 말해서 나도 저 커튼을 달 만한 여유가 없었어. 저 커튼을 사는 데 너무 돈을 많이 썼어. 주문한 걸 후회했다니까."

실수를 저질렀을 때 우리 스스로는 실수를 인정할 수 있다. 타인이 우리에게 부드럽고 요령 있게 말하면, 다른 사람에게도 실수를 인정하고, 심지어 자신의 솔직함과 포용력에 자부심을 느낄 수도 있다. 하지만 누군가 이 불편한 진실을 우리에게 억지로 우겨넣으려고 한다면 오히려 반발심만 생기기 마련이다. 그러니 불편한 진실을 상대방에게 관철하려 하지 마라.

상대방에게 틀렸다고 지적해봤자 아무 소용이 없다

뉴욕 리버티가 114번지에 살고 있던 F. J. 마호니(F. J. Mahoney)는 원유 무역에 필요한 특수 장비를 팔고 있었다. 그는 롱아일랜드에 있는 중요한 고객에게서 주문을 받았다. 설계용 청사진을 제출해서 승인받은 후 장비 제작에 들어갔다.

그런데 불행한 일이 일어났다. 고객인 구매자가 친구들과 장비 제작에 대해 이야기했는데, 친구들이 그에게 심각한 실수를 저지르고 있다고 말한 것이다. 온통 잘못된 기계를 속아서 샀다면서 어디는 너무 넓다, 어디는 너무 짧다, 여기가 잘못되었다, 저기가 잘못되었다 등등 지적했다.

친구들의 우려 때문에 그는 화가 났다. 그는 마호니 씨에게 전화를 걸어 이미 제작중인 기계를 절대 납품받을 수 없다고 말했다.

"저는 여러 번 신중하게 확인했고, 우리가 옳다는 사실을 확신했습니다." 마호니 씨는 이렇게 말했다. "고객과 그의 친구들이 잘 모르고 하는 소리라는 것도 알고 있었어요. 하지만 그렇게 말하면 위험할 수 있다는 것을 눈치챘죠. 저는 고객을 만나러 롱아일랜드로 갔어요. 사무실로 들어가자 그는 제게 다가와서 빠른 속도로 얘기했어요. 그는 너무 흥분한 나머지 말하는 동안 주먹을 휘둘러댔죠. 저와 저의 장비를 실컷 비난하고는 '자, 이제 어떻게 하실 겁니까?'라고 말했어요.

저는 아주 차분하게 무엇이든 해주겠다고 말했어요. '고객님이 비용을 지불하시는 거니까 고객님이 원하시는 제품을 받으셔야죠. 하지만 누군가는 책임을 져야 합니다. 만약 고객님이 옳다면 저희한테 청사진을 주세요. 이미 제품 제조에 2천 달러를 사용했지만 그건 없던 일로 하죠. 고객님이 만족하신다면 2천 달러 정도는 손해봐도 됩니다. 하지만 고객님이 원하시는 대로 만든 제품은 고객님이 책임지셔야 합니다. 저희는 여전히 현재 계획이 옳다고 생각하기 때문에 만약 저희가 계획한 대로 계속 진행하게 해주시면 저희가 책임을 지도록 하겠습니다'라고 말했죠.

고객은 이미 많이 차분해진 상태였고, 마지막으로 '좋습니다. 진행하세요. 하지만 일이 잘못된다면 하나님의 도움이 필요할 겁니다'라고 말했어요. 결국 저희가 옳았고, 그 고객은 이번 시즌에도 이미 비슷한 의뢰를 두 건이나 했습니다.

그 사람이 저를 모욕하고 제 눈앞에서 주먹을 휘두르며 제가 일을 제대로 모른다고 얘기했을 때 싸우지 않고 변명하지 않기 위해 제가 가진 모든 자제력을 끌어 모아야 했습니다. 하지만 결국 효과가 있었습니다. 만약 제가 그 사람에게 틀렸다고 반박하고 논쟁을 시작했다면, 아마도 소송이 시작되고, 기분도 상하고, 재정적 손해도 생기고, 소중한 고객도 잃었을 것입니다. 그렇습니다. 상대방에게 틀렸다고 지적해봤자 아무 소용이 없다는 사실을 저는 확신합니다."

상대의 기분이 상하지 않게 언행을 신중히 하라

내가 이 장에서 말한 내용이 새로운 이야기는 아니다. 19세기 전에 예수님은 이렇게 말했다. "너를 고발하는 자와 함께 길에 있을 때에 급히 사과하라." 다시 말하면, 고객이나 배우자 또는 반대편에 있는 상대방과 논쟁하지 말라는 뜻이다. 그 사람에게 틀렸다고 말하지 말고, 자극하지 말고, 절충하는 능력을 발휘해라.

예수님이 태어나기 2,200년 전에 이집트 왕 악토이(Akhtoi)는 아들에게 현명한 조언을 했다. 이 조언은 오늘날 우리에게도 필요한 조언이다. 악토이 왕은 4천 년 전 어느 오후에 술을 마시며 이렇게 말했다. "상대의 기분이 상하지 않게 언행을 신중히 해라. 그러면 네 뜻을 이룰 수 있을 것이다."

따라서 사람들을 설득하고 싶다면 명심해야 할 두 번째 원칙은 다음과 같다. '다른 사람들의 의견을 존중하라. 절대로 상대방에게 틀렸다고 말하지 말라.'

3장

당신이 실수했다면 재빨리, 강렬히 인정하라

남에게 비난받기보단
스스로 비판하는 것이 낫다

나는 지리적으로 뉴욕 한가운데 살고 있다. 하지만 집에서 1분만 걸어나가면 자연 그대로의 숲이 펼쳐져 있어서 봄에는 블랙베리 덤불에 하얀 거품처럼 꽃이 피고, 다람쥐가 둥지를 틀어 새끼를 낳고, 쥐꼬리망초가 말 머리만큼 크게 자란다. 이 훼손되지 않은 숲의 이름은 포레스트 파크(Forest Park)다. 이곳은 실제로 이름처럼 숲인데, 아마도 콜럼버스가 아메리카 대륙을 발견했던 오후의 모습과 많이 다르지 않을 것이다.

나는 내가 키우는 작은 보스턴 불도그 렉스와 이 공원을 자주 걷는다. 렉스는 다정하고 무해한 작은 사냥개다. 숲에서 마주치는 사람이 거의 없기 때문에 나는 목줄이나 입마개 없이 렉스를 데리고 다닌다.

하루는 공원에서 말을 타고 있는 경찰관을 마주쳤는데, 그 경찰관은 자기 권위를 보여주고 싶어 몸이 근질근질한 사람이었다. 그는 나를 질책하듯 말했다. "입마개나 목줄도 없이 개를 공원에 풀어놓다니요? 법률 위반인 거 모르나요?"

"네, 알고 있습니다." 나는 부드럽게 대답했다. "하지만 여기서는 어떤 피해도 끼치지 않을 것이라고 생각했습니다."

"법은 당신이 어떤 생각을 하는지 조금도 관심이 없어요. 저 개는 다람쥐를 죽이거나 아이를 물 수도 있어요. 이번에는 그냥 지나가겠지만 다음에도 저 개가 입마개나 목줄 없이 돌아다니는 걸 제가 보게 되면, 판사 앞에서 이 이야기를 직접 하셔야 할 겁니다."

나는 순순히 그러겠다고 했다. 그리고 나는 그 말을 따랐다. 몇 번은. 하지만 렉스는 입마개를 좋아하지 않았고, 나도 마찬가지였다. 그래서 운에 맡겨보기로 했다. 한동안은 좋았다.

그러다 문제가 생겼다. 어느 날 오후 렉스와 나는 언덕 위로 뛰어올라가고 있었다. 그런데 갑자기 실망스럽게도 밤색 말 위에 앉은 경찰관이 보였다. 렉스는 앞에서 경찰관 쪽으로 향하고 있었다.

골치 아픈 상황이 된 것이 틀림없었다. 그래서 경찰관이 말을 꺼내기도 전에 먼저 선수를 쳤다. "경찰관님, 현장에서 저를 잡으셨네요. 제가 죄를 지었네요. 알리바이도, 변명거리도 없습니다. 지난주에 입마개 없이 다시 개를 데리고 나오면 벌금을 내야 할 거라고 경고하셨는데 말이죠."

그러자 경찰관이 부드러운 어투로 대답했다. "아무도 없을 땐 저런 작은 개는 뛰어다니도록 풀어놓고 싶은 마음도 이해합니다."

"네, 그런 마음이 들죠. 하지만 법은 법이죠." 내가 대답했다.

"하지만 저런 작은 개는 아무도 해치지 않을 것 같은데요." 경찰관이 이의를 제기하듯 말했다.

"하지만 다람쥐를 죽일 수는 있죠." 내가 말했다.

"글쎄요. 제가 보기에는 이 문제를 너무 심각하게 생각하시는 것 같습니다." 경찰관이 내게 말했다. "그럼 이렇게 하시죠. 저쪽 언덕 너머에 제가 볼 수 없는 곳에 데리고 가서 강아지가 뛰어놀게 하세요. 그리고 이 문제는 잊도록 하죠."

그 경찰관도 사람인지라 중요한 사람이라는 느낌을 받고 싶어 했다. 그래서 내가 스스로 비난하기 시작하자 그가 자존감을 높일 수 있는 유일한 방법은 관대한 태도로 자비를 베푸는 것뿐이었다. 하지만 만약 내가 자기방어를 했다면 상황은 어떻게 흘러갔을까?

경찰관과 논쟁해본 경험이 있는가? 나는 경찰관인 그와 논쟁을 벌이는 대신 그의 말이 전적으로 옳고 내가 완전히 틀렸다며 인정했다. 그것도 재빨리, 솔직하게, 열정적으로 인정했다. 내가 그의 편을 들고 그가 나의 편을 들면서 문제는 아름답게 마무리되었다.

체스터필드 경도 이 말을 탄 경찰관만큼 관대하지는 않았을 것이다. 일주일 전만 해도 나를 고소하겠다고 협박했던 바로 그 경찰관이었는데 말이다.

어차피 비판을 받을 상황이라면, 다른 사람에게 비판받기보다 스스로 비판하는 편이 낫지 않은가? 타인의 입으로 비난을 듣는 것보다 자기비판을 듣는 편이 훨씬 쉽지 않은가?

다른 사람이 생각하거나 말하고 싶어 하거나 말하려고 하는 모든 비판을 다른 사람이 말하기 전에 스스로 하자. 그러면 상대방의 기세가 꺾일 것이다. 거의 대부분의 경우 상대방은 나와 렉스가 만났던 말을 탄 경찰관처럼 너그럽고 용서하는 태도를 취하며 당신의 실수를 최소한으로 줄여줄 것이다.

자기비판을 하면 그는 나와 싸울 생각이 없어진다

상업미술가인 페르디난드 E. 워런(Ferdinand E. Warren) 또한 '자기비판'이라는 방법을 이용해 변덕스럽고 잔소리를 퍼붓는 미술품 구매자의 호감을 살 수 있었다.

"광고와 홍보를 위한 그림을 그릴 때는 정확하고 꼼꼼해야 합니다." 워런 씨가 자기의 이야기를 내게 들려주었다.

"일부 예술 에디터들은 의뢰한 즉시 작업해달라고 요구합니다. 이런 경우 사소한 실수가 발생할 수 있습니다. 저는 늘 사소한 잘못을 찾아내길 좋아하는 아트 디렉터를 알고 있었습니다. 그의 사무실을 나올 때면 그의 비판 때문이 아니라 공격 방식 때문에 진저리를 칠 때가 많았습니다. 최근에 이 에디터에게 급하게 작업한 작품을 전달했는데, 그 사람에게 자신의 사무실로 당장 오라는 전화가 왔습니다. 그는 뭔가 잘못되었다고 말했습니다. 제가 도착했을 때 예상했던 두려운 상황이 펼쳐졌습니다. 그는 적대적이었고, 비판할 기회가 생겨 흡족해하는 듯했습니다. 그는 화를 내면서 제게 왜 이렇게 저렇게 했는지 물었습니다. 제가 공부했던 자기비판을 적용할 기회가 생긴 겁니다. 그래서 '말씀하신 부분이 사실이라면 제 잘못이고 변명의 여지가 없습니다. 당신을 위해 오랫동안 일해왔는데 이런 일이 벌어지다니, 정말 부끄럽습니다'라고 말했습니다.

그러자 그가 '맞아요, 하지만 그렇게 심각한 실수는 아닙니다. 그저…'라고 말하며 저를 옹호하기 시작했습니다.

이때 제가 말을 가로막곤 '어떤 실수라도 비용이 발생하고 짜증나는 일입니다'라고 말했습니다. 디렉터가 중간에 끼어들어 말하려 했지만, 그렇게 두지 않았습니다. 그 상황을 저는 즐기고 있었거든요. 태어나서 처음으로 저 자신을 비판하고 있었던 거죠.

저는 말을 이어갔습니다. '제가 좀 더 주의했어야 합니다. 저한테 일을 많이 맡겨주셨으니 최고의 작품을 받으실 자격이 있습니다. 그래서 제가 이번 작품은 처음부터 다시 그리도록 하겠습니다'라고 말했죠.

그러자 디렉터가 반대했습니다. '그렇게까지 하실 필요 없어요.' 그러더니 그는 제 작품에 대한 칭찬을 하더니 아주 사소한 부분만 고치고 싶다고 했습니다. 그리고 그 사소한 실수 때문에 자기 회사가 손해보는 일은 없을 거라고 말했습니다. 어차피 아주 사소한 문제였습니다. 걱정할 필요도 없었죠.

제가 열심히 자기비판을 한 결과, 그 사람은 저와 싸울 생각이 없어졌습니다. 마지막엔 점심 식사를 같이 하자고 제안했습니다. 그리고 헤어지기 전엔 저에게 수표를 건네며 또 다른 작품을 추가로 더 의뢰했습니다."

옳다면 부드럽게 설득하고, 틀렸다면 실수를 인정하라

엘버트 허버드(Elbert Hubbard)는 미국을 들썩이게 한 가장 독창적인 작가 중 한 명이다. 그의 날카로운 문장은 자주 격렬한 분노를 일으켰다. 하지만 사람을 다루는 흔치 않은 기술을 가지고 있던 허버드는 적을 친구로 만들곤 했다. 예를 들어 화가 난 독자가 허버드에게 어떤 글에 동의할 수 없다며 허버드를 욕하는 내용이 담긴 편지를 보냈을 때 엘버트 허버드는 이렇게 답장을 보냈다.

"다시 생각해보니, 저도 제 의견에 완전히 동의할 순 없네요. 어제 제가 썼던 글이 오늘은 저에게 와닿지 않네요. 해당 주제에 대한 당신의 생각을 알게 되어 기쁩니다. 다음에 근처에 오실 일이 있으면, 저를 찾아와주십시오. 이 문제에 대해 함께 철저히 검토해보시죠. 멀리서 악수를 청합니다. 당신의 벗으로부터."

당신을 이렇게 대하는 사람에게 무슨 말을 할 수 있겠는가?

우리가 옳을 때는 상대방을 부드럽고 요령 있게 설득해보자. 우리가 틀렸을 때는(우리가 틀리는 경우가 많다) 실수를 재빨리, 적극적으로 인정하자. 이 방법은 놀라운 결과를 낳기도 하고, 믿기지 않을 수 있지만 상황에 따라 자신을 옹호하는 것보다 훨씬 재미있을 수 있다.

싸워서 얻을 수 있는 것은 그다지 많지 않다

옛 속담을 기억해보자. "싸워서 얻을 수 있는 것은 많지 않지만, 양보하면 기대한 것보다 많이 얻을 수 있다."

사람들을 설득하고 싶다면 명심해야 할 세 번째 원칙은 다음과 같다. '당신이 틀렸다면 재빨리, 강렬히 인정하자.'

4장

적대적 태도를 버리고 우호적으로 시작하라

억지로 강요해서는 당신 생각에 동의하게 할 수 없다

당신이 화가 나서 상대방에게 이런저런 얘기를 하면, 감정을 털어놓았으니 기분이 괜찮을 것이다. 하지만 상대방은 어떨까?

우드로 윌슨은 이렇게 말했다. “당신이 양손에 주먹을 쥐고 다가온다면 나도 당신처럼 빨리 주먹을 쥘 것이다. 하지만 ‘앉아서 함께 얘기해봅시다. 서로 의견이 왜 다른지, 어떤 부분이 문제인지 얘기해봅시다’라고 말한다면, 결국 우리가 서로 다르지 않으며, 우리가 다르게 생각한 부분이 많지 않고 동의하는 부분이 많다는 것을 알 수 있을 것이다. 그리고 우리가 인내심과 정직함, 함께하려는 욕망만 있다면 우리는 함께할 수 있을 것이다.”

누군가 당신과의 불화 때문에 당신에 대한 감정이 좋지 않다면, 전 세계의 모든 논리를 들이대도 그 사람의 마음을 바꿀 수 없다. 야단치는 부모와 군림하려는 상사와 남편, 잔소리하는 아내는 자기 생각을 바꾸고 싶어 하지 않는다는 사실을 깨달아야 한다.

억지로 강요하거나 끌어와서 당신이나 내 생각에 동의하게 할 순 없다. 하지만 당신이 부드럽고 우호적이라면 상대방도 부드럽고 우호적으로 만들 수 있다.

그를 설득하고 싶다면 당신이 친구라는 확신을 주어라

링컨은 백 년 전에 정말 중요한 이야기를 했다. 그 내용은 다음과 같다. "담즙 한 통보다 꿀 한 방울로 더 많은 파리를 잡을 수 있다."

사람도 마찬가지다. 다른 사람을 설득하고 싶다면, 당신이 진정한 친구라는 확신을 주어야 한다. 그 확신이 사람의 마음을 사로잡는 꿀 한 방울이다. 꿀이 아니라 뭐라고 불러도 그것이 바로 사람의 마음을 얻는 확실한 방법이다.

친절한 방식으로 접근해야 상대방을 설득할 수 있다

엔지니어였던 O. L. 스트라우브(O. L. Straub)는 임대료를 내리고 싶었다. 하지만 그는 집주인이 깐깐한 사람이라는 점을 알고 있었다.

스트라우브 씨는 수업 시간에 이렇게 말했다. "저는 집주인에게 편지를 써서 임대 기간이 끝나는 대로 아파트를 비우겠다고 알렸습니다. 사실 저는 집세를 깎을 수 있으면 이사를 하고 싶지 않았습니다. 하지만 그럴 가망이 없어 보였습니다. 다른 세입자들도 시도해봤지만 모두 실패했으니까요. 모두가 집주인은 굉장히 상대하기 어려운 사람이라고 했습니다. 하지만 저는 저 자신에게 '나는 사람을 대하는 방법을 공부하고 있어. 그러니까 그 사람에게 그 방법을 시도해볼 거야. 그리고 효과가 나타나는지 봐야겠다'라고 말했습니다.

집주인은 제 편지를 받자마자 비서를 데리고 저를 찾아왔습니다. 저는 문 앞에서 찰스 슈와브의 방식으로 그를 맞이했습니다. 친절하고 열정적으로 웃으며 맞이했죠. 집세가 얼마나 비싼지는 얘기하지 않았어요. 아파트가 얼마나 좋은지만 얘기했죠. 정말이에요. 진심을 다해 칭찬했어요. 집주인의 건물 운영 방식을 칭찬하고, 이 집에 연장해서 살고 싶지만 여력이 되지 않는다고 말했죠.

집주인은 세입자에게 그런 말을 들어본 적이 없는 듯 보였어요. 그래서 어떻게 반응해야 할지 몰랐죠. 그러더니 자기 문제에 대해 말하기 시작했어요. 세입자에 대한 불만을 늘어놨죠. 자기에게 열네 통의 편지를 보낸 사람도 있었는데 그중에는 모욕적인 편지도 있었다고 했어요. 어떤 세입자는 윗집에서 나는 코 고는 소리를 해결해주지 않으면 계약을 파기하겠다고 협박했다더군요. 그는 '당신처럼 만족해하는 세입자가 있다니 정말 안심이 됩니다'라고 말했어요. 그리고 제가 부탁하지도 않았는데 집세를 깎아주겠다고 했어요. 저는 더 많이 깎고 싶어서 제가 감당할 수 있는 금액을 제안했죠. 그러자 두말없이 제 제안을 받아주었습니다.

집주인은 집으로 돌아가려다가 뒤돌아서서 제게 이렇게 물었어요. '제가 수리해줘야 할 부분은 없나요?' 만약 제가 다른 세입자들이 한 것처럼 집세를 깎으려 들었다면 그들과 마찬가지로 실패했을 겁니다. 친절하면서도 공감하고 이해하는 방식으로 접근한 덕에 제가 원하는 것을 얻을 수 있었던 거죠."

이솝(Aesop)은 크로이소스 궁에 살았던 그리스 노예로, 예수님이 태어나기 600년 전 사람들에게 영원히 기억되는 우화를 썼다. 그가 2,500년 전에 인간 본성에 관해 가르친 교훈은 현재 보스턴이나 버밍햄에서도 그대로 적용된다. 태양은 바람보다 빨리 코트를 벗게 할 수 있다. 친절과 친근한 접근 그리고 인정은 엄포를 놓거나 호통을 치는 것보다 쉽게 상대를 설득할 수 있는 방법이다.

담즙 한 통보다 꿀 한 방울로
더 많은 파리를 잡을 수 있다

앞에서 소개한 링컨의 말을 다시 한번 더 기억하자. "담즙 한 통보다 꿀 한 방울로 더 많은 파리를 잡을 수 있다."

따라서 사람들을 설득하고 싶다면 명심해야 할 세 번째 원칙은 다음과 같다. '친절하게 접근하자.'

5장

상대가 처음부터
‘예!’라고 말하게 유도하라

생각이 다른 부분부터 이야기를 시작하면 안 된다

다른 사람과 대화할 때 생각이 다른 부분부터 이야기하지 말자. 서로 동의할 수 있는 부분부터 강조하고, 계속 강조해라. 가능하다면 둘 다 같은 목적을 위해 노력하고 있고, 방법의 차이일 뿐 목적이 다른 건 아니라는 점을 계속 강조하자.

상대방이 처음부터 '예'라고 동의할 수 있게 해라. 가능하면 '아니요'라고 반대하는 말이 나오지 않게 해라.

오버스트릿 교수는 '아니오'라는 부정적인 대답이 가장 극복하기 어려운 장애물이라고 말했다. 누군가 '아니오'라고 말하는 순간 그의 자존심은 스스로가 일관성을 유지하길 원한다. 후에 '아니오'라는 대답이 성급했다고 느낄 수도 있지만, 그럼에도 불구하고 그에게는 지켜야 할 소중한 자존심이 있다.

그래서 사람들은 일단 말을 뱉고 나면 그 뜻을 고수할 수밖에 없다. 따라서 처음부터 '예'라는 대답을 끌어내며 긍정적인 방향으로 시작하는 것이 가장 중요하다.

이야기의 시작부터
긍정적인 대답을 많이 끌어내라

말솜씨가 좋은 사람은 시작부터 '긍정적인 대답'을 많이 끌어낸다. 그렇게 해서 청중들이 긍정적인 방향으로 움직이게 하는 심리적 과정을 밟게 된다. 이는 마치 당구공의 움직임과 같다. 당구공을 한쪽 방향으로 치면, 나중에 방향을 바꿀 때 힘이 들어가고, 반대 방향으로 돌리려면 더 큰 힘이 들어간다.

여기서 심리적 패턴은 꽤 명확하다. 누군가 진심으로 '아니오'라고 답한다면, 그 사람은 단순히 말로써 부정적인 대답을 표현하는 것뿐만 아니라 림프선, 신경, 근육까지 몸 전체가 거부의 몸짓을 보이고 있는 것이다. 잠깐 동안, 때로는 눈에 띌 정도로 몸이 물러나거나 물러날 준비를 보인다. 간단히 말해서 신경계와 근육계가 받아들이지 않도록 대비하는 것이다. 이와 반대로 '예'라고 대답한 사람은 물러나는 행동을 전혀 보이지 않는다. 몸이 앞으로 향하고, 수용적이고 열린 자세를 보인다. 따라서 시작부터 '예'라는 대답을 많이 얻을수록 우리의 궁극적 목적에 관심을 끌어모을 수 있다.

처음에 '예'를 끌어내면 그 뒤는 술술 풀린다

'예'라는 대답을 얻어내는 방법은 매우 간단하다. 하지만 이 방법을 얼마나 무시하고 있는가! 사람들은 처음부터 적대감을 불러일으켜 자신이 중요한 사람이라는 느낌을 받으려고 한다. 하지만 그렇게 해서 좋을 게 뭐가 있는가? 상대를 화나게 해서 즐거움을 얻는 사람이라면 그럴 수 있다고 넘길 수 있다. 하지만 목적을 달성하기 위해서 그렇게 행동한 거라면 정말 멍청하다고 할 수밖에 없다.

'예'라는 긍정적인 대답을 끌어내는 방법을 통해 뉴욕 그리니치 저축은행 창구 직원인 제임스 에버슨(James Eberson)은 잃을 뻔했던 잠재 고객을 지킬 수 있었다. 에버슨 씨가 수업 시간에 해준 이야기다.

"어떤 분이 계좌를 개설하러 오셨어요. 그래서 필요한 서류를 작성해달라고 했죠. 몇몇 질문에는 흔쾌히 대답했는데, 일부 질문에는 단호하게 대답을 거부했어요. 제가 인간관계에 대해 공부하기 전이었다면, 해당 정보 제공을 거부하는 경우 우리도 계좌 개설을 거부할 수밖에 없다고 고객에게 말했을 거예요. 과거에는 제가 정말 그렇게 했다는 사실이 지금은 너무 부끄러워요. 당연히 그렇게 최후통첩을 하면 제 기분은 좋았죠. 누가 우위에 있는지 보여주었고, 은행의 규칙과 규정은 위반할 수 없는 일이었으니까요. 하지만 그러한 태도는 우리 은행을 이용하러 온 사람에게 환영받는다거나 중요한 사람이라는 느낌을 주지 못합니다.

그날 아침에는 상식을 사용해보기로 했어요. 은행이 원하는 것이 아니라 고객이 원하는 것을 이야기하기로 했죠. 무엇보다 처음부터 긍정적인 대답을 얻어내기로 결심했어요. 그래서 그 고객의 결정에 동의했습니다. 저는 거부한 정보가 우리에게 반드시 필요한 정보는 아니라고 말했습니다. 그리고 '하지만 고객님이 돌아가셨을 때 은행에 돈이 있다고 가정하면, 그 돈이 법에 따라 가장 가까운 가족에게 이체되는 걸 원하지 않으시나요?'라고 물었습니다.

그러자 '물론입니다'라고 고객이 대답했습니다. 그래서 제가 '그렇다면 가장 가까운 가족 이름을 저희에게 알려주시면 어떨까요? 그렇게 하면 저희가 실수를 하거나 지체하는 일 없이 이체해드릴 수 있을 텐데요'라고 말했습니다. 그러자 그는 다시 한번 '예'라고 대답했습니다.

그 젊은 고객은 우리가 우리를 위해서가 아니라 바로 자신을 위해 정보를 요구한다는 점을 깨닫고 태도가 부드럽게 변했습니다. 은행을 나서기 전에 이 고객은 부탁한 모든 정보를 우리에게 제공하고, 더불어 제 제안에 따라 자기 어머니를 수령인으로 지정한 신탁계좌를 개설하고 어머니에 대한 모든 질문에도 기꺼이 대답해줬어요.

처음부터 '예'라는 긍정적인 대답을 하다 보니 그 고객도 문제 삼던 일도 잊고 제가 제안한 모든 일을 기쁘게 해주었습니다."

현인 소크라테스처럼 '예'라는 대답을 얻어내자

소크라테스는 역사상 소수의 사람들만 할 수 있었던 일을 해냈다. 그는 인류의 사고 과정을 급격히 바꾸어놓았다. 죽은 지 2,300년이 지난 지금도 그는 가장 현명하게 설득하는 사람으로 존경받고 있다.

그의 비결은 무엇이었을까? 사람들에게 "당신은 틀렸다"고 말했을까? 아니다. 소크라테스는 그렇게 하지 않았다. 지금은 '소크라테스 문답법'이라고 부르는 그의 방법은 '예'라는 대답을 얻어내는 것을 바탕으로 하고 있다. 그는 상대방이 동의할 수밖에 없는 질문을 던졌다. 그는 '예'를 얻어낼 때까지 계속 동의를 얻고 또 얻어냈다. 그는 계속 질문을 던져서 결국에는 상대방이 자기도 모르는 사이에 몇 분 전까지만 해도 격렬하게 부정했던 결과를 받아들이도록 했다.

다음번에 우리가 다른 사람에게 틀렸다고 지적하고 싶은 마음이 들 때 소크라테스처럼 '예'라는 대답을 얻어낼 수 있는 질문을 하자.

중국에는 변하지 않는 동양의 오래된 지혜가 담긴 속담이 있다. "사뿐히 걷는 사람이 멀리 간다."

사람들을 설득하고 싶다면 명심해야 할 다섯 번째 원칙은 다음과 같다. '상대방이 곧바로 긍정적으로 대답할 수 있게 하라.'

6장

상대방이 말을 많이 하도록 만들어라

인내심과 포용을 가지고서 상대방의 말에 귀를 기울이자

대부분의 사람들은 다른 사람을 설득할 때 말을 지나치게 많이 한다. 특히 영업사원에게 이런 실수는 매우 치명적인데도 쉽게 저지르는 경향이 있다.

상대방이 자기 이야기를 하도록 두자. 그는 당신보다 자기 사업과 문제에 관해 더 많이 알고 있다. 그러니 질문을 하자. 그 사람이 이야기하게 두자.

만약 그 사람의 의견에 동의하지 않는다면 중간에 말을 끊고 싶을 수도 있다. 하지만 그렇게 하지 말자. 위험한 일이다.

그 사람은 간절히 표현하고 싶은 생각이 아직 가득 차 있는데 당신의 말에 귀를 기울일 리가 만무하다. 그러니 인내심과 포용심을 가지고서 상대방의 말에 귀를 기울이자. 진심으로 상대의 말을 듣자. 그가 자기 생각을 온전히 표현할 수 있게 격려하자.

다른 사람이 이야기하게 두면 큰 이득으로 돌아온다

이 방법이 사업에서도 효과가 있을까? 한번 살펴보자. 여기 어쩔 수 없이 이 방법을 시도한 남자의 이야기가 있다.

몇 년 전 미국에서 가장 큰 자동차 제조업체는 1년 치 차량 실내용 직물을 두고 협상을 하고 있었다. 주요 제조업체 세 곳이 직물 샘플을 준비했다. 자동차 회사 임원들이 이 샘플을 조사했고, 각 직물 제조업체에 통보하길 "정해진 날짜에 계약을 위해 각 회사 대표가 발표할 기회를 주겠다"고 했다.

제조업체 중 한 곳의 대표인 G. B. R.은 심한 인후염을 앓는 상황에서도 발표를 위해 도착했다. R씨는 수업 시간에 이 이야기를 나눴다. "목소리가 하나도 안 나왔어요. 거의 속삭일 수도 없을 정도였죠. 방으로 안내받아 들어갔는데 직물 담당 엔지니어, 구매 담당자, 영업 이사, 회사 대표가 기다리고 있었어요. 저는 자리에서 일어나 최선을 다해 말하려고 했어요. 하지만 끽끽거리는 소리만 났죠. 그들은 모두 테이블에 둘러앉아 있어서 저는 종이에 '신사 여러분, 제 목소리가 나오지 않습니다. 말을 할 수가 없습니다'라고 적었습니다.

그러자 그 대표가 '내가 대신 얘기하겠습니다'라고 말했습니다. 그리고 정말 제 대신 말을 이어갔습니다. 그는 제 샘플을 보여주고 장점을 칭찬했습니다. 제 제품의 장점에 대한 활발한 논의가 진행되었습니다. 그 대표는 저 대신 발표한 후에도 논의중에 제 편에 서주었습니다. 제가 한 일이라곤 미소 짓고, 고개를 끄덕이고, 약간의 제스처를 했을 뿐이었습니다.

이 특이한 회의의 결과, 저는 계약을 따냈고 총 160만 달러에 달하는 직물을 수주했습니다. 그때까지 거래했던 계약 중 가장 큰 규모였습니다. 만약 그때 제가 목소리를 잃지 않았다면 그 계약을 따지 못했을 것입니다. 제 발표계획은 엉망이었거든요. 정말 우연히도 저는 다른 사람이 이야기하게 두는 것이 얼마나 큰 이득이 되는지 알게 되었습니다."

나의 성과를 최소화하고,
그가 나보다 뛰어나게 두라

라 로슈푸코(La Rochefoucauld, 프랑스의 고전 작가이자 사상가 — 옮긴이)는 이렇게 말했다. "적을 만들고 싶으면, 친구보다 능가하는 사람이 돼라. 하지만 친구를 만들고 싶다면, 친구가 나보다 뛰어나게 두라."

이 말은 왜 진실인가? 친구가 나보다 뛰어날 때 친구는 중요한 사람이라는 느낌을 받게 된다. 하지만 우리가 친구를 능가하면 그들은 열등감을 느끼게 되고, 질투하고 시기하게 된다.

독일에 이런 속담이 있다. "가장 순수한 기쁨은 우리가 질투하는 사람의 불행을 보며 느끼는 사악한 기쁨이다." 다르게 표현하자면 이런 의미다. "가장 순수한 기쁨은 다른 사람의 어려움을 보며 느끼는 기쁨이다." 그렇다. 아마도 몇몇 친구는 당신의 성공보다 어려움을 보면서 더 큰 만족을 느낄 것이다. 그러니 우리의 성과를 최소화하고, 겸손해지자. 이 방법은 늘 적중한다.

어빈 콥(Irvin Cobb, 미국의 작가이자 칼럼니스트 — 옮긴이)도 이 방법을 알고 있었다. 한 변호사가 증인석에 앉은 콥에게 물었다. "당신은 미국에서 가장 유명한 작가 중 한 명인 걸로 알고 있습니다. 맞습니까?" 콥이 대답했다. "제 능력이라기보다 운이 좋았던 것 같습니다."

겸손한 태도로 그가 말을 많이 하도록 두자

우리는 겸손해야 한다. 당신도 나도 대단한 사람이 아니다. 우리는 앞으로 100년만 지나도 완전히 잊힐 사람들이다. 인생은 우리의 사소한 성과를 가지고 다른 사람을 지루하게 만들기에는 너무 짧다. 대신 다른 사람들이 이야기하게 만들자. 생각해보면 당신에겐 어차피 그렇게 자랑할 것도 많지 않다.

사람들을 설득하고 싶다면 명심해야 할 여섯 번째 원칙은 다음과 같다. '다른 사람들이 말을 많이 하도록 두자.'

7장

그가 스스로 생각해냈다고 여기게 만들어라

사람은 스스로 발견한 생각을 더 신뢰하기 마련이다

당신은 누가 거저 가져다준 생각보다 스스로 발견한 생각을 더 신뢰하지 않는가? 그렇다면 당신의 생각을 다른 사람에게 강요하는 것은 잘못된 판단이 아닐까? 제안을 한 후 상대방이 스스로 결론을 내리게 두는 것이 더 현명하지 않은가?

예를 들어보자. 내 수업을 듣는 학생이었던 필라델피아의 아돌프 셀츠(Adolf Seltz) 씨는 갑자기 '의욕이 없고 체계적이지 못한 자동차 영업사원들에게 열정을 불어넣을 필요가 있다'는 생각이 들었다. 그래서 그는 영업 회의를 소집하고, 직원들에게 자신에게 정확히 무엇을 원하는지 말해보라고 했다.

직원들이 말하는 동안 셀츠 씨는 그들의 생각을 칠판에 받아 적었다. 그런 다음 이렇게 말했다. "여러분들이 저에게 기대하시는 이 모든 것을 해드리겠습니다. 이제는 제가 여러분에게 기대할 권리가 있다고 생각하는 부분에 대해 말해보세요."

빠르게 대답이 들려왔다. 충성심, 정직, 자주성, 긍정적 자세, 팀워크, 하루에 8시간 열심히 근무하기 등등. 한 직원은 하루에 14시간 동안 일하겠다고 자원했다. 회의는 새로운 용기와 자극을 불러일으킨

채로 끝났고, 셀츠 씨는 판매고가 놀라운 수준으로 증가했다고 내게 알려주었다.

"직원들은 저와 일종의 도덕적 합의를 이룬 것이죠." 셀츠 씨는 말했다. "제가 제 역할을 제대로 해낸다면, 그들도 자기 역할을 해내기로 했습니다. 그들의 바람과 욕구를 논의한 것은 그들에게 필요한 자극제가 되었습니다."

억지로 물건을 사거나 명령을 따르는 걸 좋아하는 사람은 이 세상에 없다. 우리는 본인이 원해서 사고, 자기 생각대로 행동하기를 더 원한다. 그리고 자기 자신의 바람, 욕구, 생각에 관해 다른 사람들과 의논하고 싶어 한다.

그건 자신들의 생각이었다고 진심으로 느끼게 하라

시어도어 루스벨트가 뉴욕 주지사이던 시절 그는 대단한 업적을 세웠다. 정치 지도자들과 우호적인 관계를 유지하면서도 그들이 격렬히 반대했던 개혁을 달성해냈다. 그가 성공한 방법은 이렇다.

주요 공직을 인선해야 했을 때 그는 정치 지도자들을 불러 추천해달라고 요청했다. 루스벨트는 이렇게 회상했다. "그들은 처음에는 진부한 정당 정치인을 추천합니다. 소위 그들이 '챙겨줘야 할' 사람들인 거죠. 저는 그런 사람을 임명하면 좋은 정치가 아니며, 국민이 찬성하지 않을 거라고 그들에게 말합니다.

그러면 그들은 다른 정당 정치인의 이름을 거론합니다. 늘 공직을 맡아온 사람으로, 자신에게 반대한 적도 없지만 특별히 좋아하지도 않는 인물을 추천하죠. 그러면 저는 그 공직자가 국민의 기대에 부응하지 못할 거라고 말하고, 그 자리에 좀더 확실히 적합한 사람으로 추천해달라고 요청합니다.

이어 세 번째엔, 괜찮지만 그렇다고 아주 적합하지는 않은 인물을 추천합니다. 저는 지도자들에게 감사를 표하고 한 번만 더 추천해달라고 요청합니다.

그러면 드디어 네 번째에는 받아들일 만한 추천이 들어옵니다. 그때쯤 되면 저였어도 뽑았을 만한 사람의 이름이 거론되는 거죠. 저는 도움을 준 데 감사를 표하고 그 사람을 임명합니다. 그리고 임명에 대한 모든 공을 그들에게 돌리죠. 그리고 그들의 뜻에 맞춰주기 위해 이런 임명을 했으니, 이제는 그들이 저에게 맞춰줄 차례라고 말하죠."

이렇게 소통해서 임명하면, 이후에 실제로 그들은 루스벨트에게 맞춰줬다. 그들은 공무원 법안이나 영업세 법안과 같은 루스벨트의 전면적인 개혁을 지지해주었다.

기억하자. 루스벨트는 상대방과 의논하는 데 모든 노력을 다했으며, 그의 조언을 존중했다. 루스벨트는 중요한 임명을 할 때 정치 지도자들이 '자신들이 후보자를 직접 뽑았으며 그건 자신들의 생각이었다'고 진심으로 느끼게 했다.

자기 의지로 구매한다는 생각이 들게 해야 한다

롱아일랜드의 한 자동차 딜러는 루스벨트와 똑같은 방법을 사용해서 한 스코틀랜드 남성과 그의 아내에게 중고차를 판매했다.

이 딜러는 그 남자에게 연달아 차를 보여주었지만 늘 마음에 안 드는 구석이 있었다. '이 차는 자기에게 어울리지 않는다, 저 차는 상태가 좋지 않다, 가격은 늘 너무 비쌌다.'

이 시점에서 해당 딜러는 내 수업에서 강의를 함께 듣는 사람들에게 도움을 요청했다. 우리는 그에게 '샌디(Sandy, 스코틀랜드 사람을 부르는 속어 — 옮긴이)'에게 팔려고 하지 말고 샌디가 사도록 만들어야 한다고 조언했다. 즉 샌디에게 무엇을 해야 하는지 말하지 말고, 샌디가 무엇을 할지 말하게 두면 어떻겠냐고 말했다. 자기 의지로 구매한다는 생각이 들게 해야 했다.

좋은 조언이라고 생각한 딜러는 샌디가 중고차를 팔아 새 차를 구매하고 싶다고 했을 때 이 방법을 적용해보기로 했다. 그는 이 중고차가 샌디의 마음에 들 수 있겠다고 생각했다. 그는 샌디에게 전화를 걸어 부탁드릴 게 있다며 와서 조언을 해달라고 말했다.

샌디가 도착하자 딜러가 말했다. "워낙 현명한 구매자시고, 차의 가치를 잘 아시잖아요. 이 차를 한 번 보고 시험 운전을 해보신 다음에 얼마에 거래해야 할지 저에게 알려주시겠어요?"

그러자 샌디는 '함박웃음'을 띄었다. 결국 딜러가 샌디의 조언을 구했고, 샌디의 능력이 인정받은 것이었다. 기분이 좋아진 샌디는 차를 퀸즈(Queens) 대로로 몰고 가서 자메이카에서 포레스트 힐스까지 시험 운전을 했다. 샌디는 "300달러에 사면 잘 사는 겁니다"라고 딜러에게 조언했다.

"제가 그 가격으로 이 차를 구매하면 고객님이 사시겠어요?" 딜러가 물었다. 300달러라고? 물론이다. 그 가격은 샌디 스스로가 생각하고 감정한 가격이었다. 거래는 곧바로 이루어졌다.

남들보다 앞서고 싶으면 그들 뒤에 서야 한다

2,500년 전 중국의 현자였던 노자는 이 책의 독자들이 오늘날에도 적용할 수 있는 말을 했다.

"강과 바다가 수많은 산골짜기 시냇물의 존경을 받는 이유는 시냇물보다 아래에서 흐르기 때문이다. 그래서 강과 바다는 모든 산골짜기 시냇물을 다스릴 수 있다. 그러므로 다른 사람들 위에 서고 싶은 현자는 자기를 그들보다 낮춰야 한다. 다른 사람들보다 앞서고 싶으면 그들 뒤에 서야 한다. 이렇게 해야 그가 다른 사람들 위에 있어도 사람들이 그의 무게를 느끼지 않고, 그가 다른 사람들 앞에 있어도 사람들이 상처받지 않는다."

사람들을 설득하고 싶다면 명심해야 할 일곱 번째 원칙은 다음과 같다. '상대방이 자기 의견대로 결정했다고 생각하게 하라.'

8장

정말 진심으로 그 사람의 입장이 되어보자

비난하지 말고
상대방을 이해하려 노력하자

상대방이 완전히 틀릴 수도 있다는 점을 기억하자. 하지만 상대방은 자신이 틀렸다고 생각하지 않을 것이다. 그렇다고 상대방을 비난하지는 말자. 비난은 제아무리 바보라도 할 수 있다. 비난하는 대신에 상대방을 이해하려 노력해보자. 지혜롭고 인내심 있고 뛰어난 사람만 그런 노력을 할 수 있다.

상대방이 그렇게 생각하고 행동하는 데에는 이유가 있다. 그 숨겨진 이유를 찾아내자. 그러면 그의 행동과 성격을 이해하는 열쇠를 쥐게 될 것이다.

진심으로 상대방의 입장에서 생각해보자. "내가 저 사람의 입장이라면 어떤 느낌일까? 어떻게 행동할까?" 자신에게 이렇게 질문하면, 많은 시간을 절약하고, 짜증도 줄일 수 있다. '원인에 집중하면 결과를 덜 싫어하게 되기' 때문이다. 또한 인간관계를 다루는 기술도 급격히 향상될 것이다.

케네스 구드(Kenneth M. Goode, 미국의 광고 전문가이자 작가 — 옮긴이)는 이렇게 말했다. "잠시 멈춰서 당신이 자기 문제에 관해 가지고 있는 깊은 관심과 자기 외의 문제에 관해 가지고 있는 소소한 관심의 크기를 비교해보라. 그리고 세상 모든 사람이 똑같은 방식으로 느낀다는 사실을 깨닫자! 그러면 모든 직업에 대한 유일하고 확고한 토대를 마련하게 될 것이다. 즉 사람을 다루는 데 성공하는 비법은 다른 사람의 관점을 진심으로 공감하며 이해하는 데 있다."

부탁하기 전에 잠시 멈춰 그의 관점에서 생각하자

여러 해 동안 나는 집 근처 공원에서 걷거나 자전거를 타며 휴식을 취해왔다. 고대 갈리아(Gaul) 지역의 드루이드(Druid)교 사제들처럼 참나무를 거의 숭배하다시피 했다. 그래서 해마다 불필요하게 화재가 발생해서 어린 나무와 관목들이 죽어가는 것을 보고 마음이 아팠다. 흡연자가 부주의하게 버린 담배꽁초 때문에 발생한 화재가 아니었다. 대부분의 화재는 공원에 가서 원주민처럼 살아보겠다고 나무 아래에서 소시지나 달걀을 요리한 소년들이 원인이었다. 때로는 불길이 너무 거세서 대형화재로 번지는 것을 막기 위해 소방대원을 불러야 할 때도 있었다.

공원 한구석에 '화재의 책임이 있는 사람은 벌금형이나 금고형에 처한다'는 경고가 붙어 있었지만, 경고판이 너무 외진 곳에 있어서 경고문을 읽은 소년은 거의 없었다. 말을 탄 경찰관이 공원을 책임지고 돌보게 되어 있었지만 자기 임무를 그리 진지하게 생각하지 않았고, 화재는 해마다 발생했다. 한번은 내가 경찰관에게 달려가 공원에 불이 빠르게 번지고 있으니 소방서에 통보해달라고 말했지만 그는 자기 관할 구역이 아니라며 자기가 상관할 바가 아니라고 태연하게 말했다.

나는 마음이 간절해져서 그 이후로 자전거를 타러 나갈 때마다 자칭 공유지 보호 위원회원으로 활동했다. 처음에는 아쉽게도 아이들의 관점에서 보려는 시도조차 하지 않았다. 나무 밑에서 불길이 타오르는 것을 보자 너무 속상하고 옳은 일을 해야겠다는 생각만 앞서 잘못된 행동을 했다. 나는 자전거를 타고 아이들에게 가서 불을 내면 감옥에 갈 수 있다고 경고하고, 권위적인 말투로 불을 끄라고 명령했다. 아이들이 거부하면 체포하겠다고 협박까지 했다. 아이들의 관점에서 생각하지 않고 단순히 내 감정을 분출하고 있었던 것이다.

그 결과 어떻게 되었을까? 아이들은 내 말을 따랐다. 물론 기분 나빠하고 화를 내며 따랐다. 내가 언덕 너머로 멀어지고 나면 아마도 아이들은 또 불을 피웠을 것이다. 어쩌면 공원을 통째로 태워버리고 싶어 했을지도 모른다.

그로부터 몇 년이 지난 후에 인간관계에 대해 조금은 알게 되었고, 요령도 조금 생겼다. 다른 사람의 관점에서 세상을 보는 경향도 생겼다. 그래서 아이들에게 명령하는 대신 불이 나는 곳으로 가서 이렇게 말하기 시작했다.

“얘들아, 재미있니? 저녁 준비하고 있니? 나도 어렸을 때 불 피우는 걸 좋아했었지. 지금도 좋아하고. 그런데 여기 공원에서 불을 피우면 굉장히 위험해. 너희가 어떤 해를 끼치려는 생각이 아니라는 건 알지만 조심성이 없는 아이들도 있거든. 그 아이들이 여기 와서 너희가 불 피우는 걸 보면 자기들도 불을 피울 거고, 집으로 돌아갈 때 불을 제대로 끄지 않으면 건조한 나뭇잎에 옮겨 붙어 나무들을 죽이게 되지. 우리가 조심하지 않으면 결국 여기 있는 나무가 다 사라질 거야. 불을 피웠다가 감옥에 가는 일이 생길 수도 있어. 너희에게 이래라저래라 하거나 노는 걸 방해하려는 건 아니야. 너희가 즐거우면 나도 좋지. 하지만 여기 나뭇잎들을 긁어서 멀리 치워줄래? 그리고 가기 전에 흙을 많이 퍼서 그 위에 덮어주면 좋겠어. 다음에 불을 피울 때는 저기 언덕에 있는 모래밭에서 할래? 거기서는 불을 피워도 전혀 위험하지 않거든. 고마워. 재미있게 놀아."

아이들에게 이렇게 말하자 얼마나 다른 반응이 나타나던지! 아이들은 협조하고 싶어 했다. 삐지지도 않고, 화를 내지도 않았다. 아이들은 억지로 시켜서 명령에 따르지 않았고, 체면도 세울 수 있었다. 아이들의 관점에서 상황을 해결했기 때문에 아이들도 나도 기분이 좋아졌다.

다음에 누군가에게 불을 꺼달라고 하거나, 얼룩 제거 세제를 사달라고 하거나, 적십자에 50달러를 기부해달라고 부탁하기 전에 잠시 멈춰 눈을 감고 상대방의 관점에서 생각해보면 어떨까? 잠시 멈춰 자신에게 물어보자. "왜 저 사람은 그걸 하고 싶을까?"

물론 그렇게 하려면 시간이 걸린다. 하지만 그렇게 하면 친구를 사귈 수 있고, 마찰이나 어려움 없이 더 좋은 결과를 얻을 수 있다.

상대방의 관심사와 의도를 알아야 한다

하버드 경영대학원의 월레스 도넘(Wallace B. Donham) 학장은 이렇게 말했다. “인터뷰에서 내가 무슨 말을 할지, 그리고 상대방의 관심사와 의도에 비추어볼 때 그가 어떻게 대답할지 완벽하게 준비하지 않고 들어가기보다는 그 앞에서 두 시간 동안 서성이며 준비하는 편이 낫다.”

대단히 중요한 말이기 때문에 강조하는 의미에서 반복해서 쓰겠다.

“인터뷰에서 내가 무슨 말을 할지, 그리고 상대방의 관심사와 의도에 비추어볼 때 그가 어떻게 대답할지 완벽하게 준비하지 않고 들어가기보다는 그 앞에서 두 시간 동안 서성이며 준비하는 편이 낫다.”

나뿐만 아니라 상대방의 관점에서 사물을 바라보자

이 책을 읽고 나서 항상 다른 사람의 관점에서 생각해보려 하고 자기뿐만 아니라 상대방의 관점에서 사물을 바라보려 한다면, 이 책에서 그 한 가지만이라도 얻어갈 수 있다면, 분명 앞으로의 경력에서 큰 획을 긋는 일이 될 것이다.

다른 사람의 감정을 상하게 하거나 화나게 하지 않고 설득하고 싶다면 명심해야 할 여덟 번째 원칙은 다음과 같다. '진심으로 상대방의 관점에서 사물을 바라보려고 노력하라.'

9장

상대방이 원하는 공감을 해주면 내 말을 경청한다

"그렇게 생각할 만해요"라고 말을 시작하자

논쟁을 멈추고, 반감을 없애고, 선의를 불러일으키고, 상대방이 귀를 기울이게 만드는 마법 같은 말을 알고 싶지 않은가? 간단하다. 이렇게 말을 시작하면 된다. "그렇게 생각할 만해요. 제가 당신이었다고 해도 분명 똑같이 생각했을 것예요."

이렇게 말을 시작하며 대답하면, 세상에서 가장 성미가 고약한 사람의 마음도 누그러뜨릴 것이다. 이 말을 100% 진심으로 말할 수도 있다. 상대방의 입장이라면 당연히 그 사람이 느낀 대로 느낄 수 있기 때문이다.

그들에게 공감해주면 그들도 당신을 사랑할 것이다

당신이 지금의 모습이 된 데는 그 공이 당신에게 있지 않다. 기억하자. 화가 난 상태로, 편협하고 이성적이지 않은 모습으로 당신에게 다가오는 그 사람의 모습도 그의 탓이 아니다. 그 불쌍한 사람을 안타깝게 여겨라. 측은히 여기고 연민의 마음을 가져라.

존 고프(John B. Gough, 미국의 금주 운동가 — 옮긴이)가 길거리에서 술에 취해 비틀거리는 사람을 보고 했던 말을 기억하자. "하나님의 은혜가 없었다면, 저 모습이 내 모습이었겠구나."

내일 당신이 만나는 네 명의 사람 중 세 명은 공감에 배고프고 굶주린 사람이다. 그들에게 진심으로 공감해주자. 그러면 그들도 당신을 사랑할 것이다.

말도 안 되는 특이한 성격에도 더욱 공감해줄 필요가 있다

솔 휴록(S. Hurok)은 아마도 미국 최고의 공연 기획자일 것이다. 20여 년 동안 그는 샬리아핀(Chaliapin, 구소련의 오페라 가수 — 옮긴이), 이사도라 던컨(Isadora Duncan, 미국의 현대무용가 — 옮긴이), 파브롤바(Pavlova, 러시아의 무용수 — 옮긴이)와 같은 세계적인 예술가들을 관리해 왔다. 휴록 씨는 "개성이 강한 스타들을 대하면서 배운 첫 번째 교훈은 공감하고 또 공감하고, 말도 안 되는 특이한 성격에도 더욱 공감해줄 필요가 있다는 사실이었습니다"고 내게 말한 적이 있다.

그는 3년 동안 표도르 샬리아핀의 공연을 기획했다. 샬리아핀은 메트로폴리탄 오페라 하우스의 최고급석을 차지하는 화려한 관객들을 최고로 감동하게 했던 베이스 가수였다. 하지만 샬리아핀에게는 고질적인 문제가 있었다. 그는 계속 버릇없는 아이처럼 굴었다. 흉내 내기도 힘들지만 휴록의 말을 그대로 옮기자면 이렇다. "샬리아핀은 모든 면에서 굉장한 친구였어요."

예를 들어 샬리아핀은 공연이 있는 날 정오쯤 휴록에게 전화를 걸어 이렇게 말하곤 했다. "솔, 오늘 목 컨디션이 너무 안 좋아요. 목이 마치 익히지 않은 햄버거처럼 딱딱하게 굳었어요. 오늘 밤에는 도저히 노래를 못 하겠어요."

이럴 때 휴록은 샬리아핀과 논쟁했을까? 아니, 절대 아니다. 그는 자기 같은 '사업가'가 예술가를 그렇게 다루면 안 된다는 사실을 알고 있었다. 휴록은 곧장 샬리아핀의 호텔로 달려가 한껏 공감해주었다. 그는 애석해하며 말했다. "불쌍해라! 가엾은 친구! 당연히 이 목으로 노래하면 안 돼요. 당장 공연은 취소할게요. 고작 몇 천 달러 손해일 뿐이에요. 하지만 당신의 명성에 비하면 돈은 아무것도 아니죠."

그러면 샬리아핀은 한숨을 쉬며 이렇게 말한다. "그럼 이따가 다섯 시쯤 다시 와보세요. 그때 목 상태를 좀 보죠."

다섯 시에 휴록 씨는 샬리아핀의 호텔에 다시 가서 또 한껏 공감해준다. 휴록이 다시 공연을 취소하겠다고 고집부리면, 샬리아핀은 또 한숨을 쉬며 말한다. "글쎄요, 이따가 다시 한번 와주세요. 그때쯤이면 목이 괜찮아질 수도 있으니까요."

일곱 시 반이 되면 위대하신 베이스 가수 샬리아핀이 마침내 노래를 하기로 한다. 단, 휴록 씨가 무대에 올라 샬리아핀이 감기에 걸려 목소리가 좋지 않을 수 있다고 미리 말해준다는 조건이 붙는다. 휴록 씨는 기꺼이 그렇게 하겠다고 거짓말을 했다. 그렇게 하지 않으면 샬리아핀이 무대에 오르지 않을 거라는 걸 알고 있었기 때문이다.

인간이라는 종족은 모두 공감을 갈망한다

아서 게이츠(Arthur I. Gates, 미국의 심리학자—옮긴이) 박사는 이렇게 말했다. "인간이라는 종족은 모두 공감을 갈망한다. 아이는 자기 상처를 열심히 내보이고, 동정을 많이 받고 싶어서 일부러 상처를 내거나 멍이 들게 하기도 한다. 같은 이유로 어른들도 자기 상처를 보여주고, 자기가 겪은 사고와 질병과 특히 '수술'에 대해 자세히 이야기하려 든다. 사실상 모든 사람이 실제든 가상이든 불행에 대한 '자기연민'을 어느 정도는 가지고 있다."

사람들을 설득하고 싶다면 명심해야 할 아홉 번째 원칙은 다음과 같다. '상대방의 생각과 욕망에 공감하라.'

10장

상대방이 가지고 있는 고상한 동기에 호소하라

좀 더 고상한 이유에 호소해야 사람을 바꿀 수 있다

나는 미주리 주의 제시 제임스(Jessie James, 미국의 무법자 ― 옮긴이)가 살던 마을 근처에서 자랐다. 같은 주 카니(Kearney) 지역에 있는 제임스의 농장에 찾아갔을 땐 그의 아들이 아직 살고 있었다. 제시의 며느리는 그가 어떻게 기차를 털고 은행을 강탈한 후 훔친 돈으로 이웃 농부들이 대출을 갚도록 도왔는지 내게 이야기해주었다.

제시 제임스는 아마 마음속으로 자신을 이상주의자로 여겼을 것이다. 두 세대 후에 나타난 더치 슐츠(Dutch Schultz, 뉴욕의 갱단 두목 ― 옮긴이), '쌍권총' 크로울리(Crowley, 미국의 연쇄살인범 ― 옮긴이)도 같은 생각을 했을 것이다. 사실 당신이 만나는 모든 사람, 거울 속에 비치는 당신도 자기를 높이 평가하고, 자기 딴에는 착한 사람이고 싶어 한다.

J. P. 모건(J. P. Morgan, 미국의 은행가이자 금융가 ― 옮긴이)은 한 연설에서 "사람이 어떤 일을 하는 데는 보통 2가지 이유가 있다"고 말했다. 하나는 듣기 좋은 이유고, 다른 하나는 실제 이유다. J. P. 모건은 실제 이유를 생각할 것이다. 굳이 강조할 필요가 없다. 하지만 마음속으로 이상주의자인 우리는 듣기에 좋은 이유를 생각하고 싶어 한다. 따라서 사람을 바꾸려면 좀더 고상한 이유에 호소해야 한다.

버럭 화를 내는 대신 그가 옳은 길을 고민하게 하라

이 방법을 실제 사업에 적용하기에는 너무 이상적인가? 펜실베이니아 주 글레놀든(Glenolden)에 있는 파렐-미첼 컴퍼니(Farell-Mitchell Company)의 해밀턴 파렐(Hamilton J. Farrell)의 사례를 살펴보자.

파렐 씨에게는 이사를 나가겠다고 위협하는 불만에 찬 세입자가 있었다. 임대 기간은 넉 달이나 남아 있었고, 월세는 55달러였다. 하지만 세입자는 계약과 상관없이 당장 집을 비우겠다고 통보했다. "이 사람들은 겨울 동안 제 집에서 살았어요. 1년 중 돈이 제일 많이 들어가는 기간이죠." 파렐 씨는 이 이야기를 수업 시간에 나누었다.

"가을이 되기 전까지는 아파트를 세놓기가 어려울 거예요. 220달러가 사라지는 거죠. 정말 너무 화가 났어요. 보통의 경우라면 세입자를 찾아가서 화를 내며 계약서를 다시 읽어보라고 했을 거예요. 지금 나가면 임대료는 전부 한꺼번에 받아야 한다는 점을 지적하고 그 돈을 받으려 들었을 겁니다.

하지만 버럭 화를 내고 소란을 피우는 대신 저는 다른 방법을 사용하기로 했습니다. 그래서 '당신 이야기를 들었습니다. 이사를 가고 싶으시다니 아직도 믿기지가 않네요. 임대업을 오래 하다 보니 인간 본성에 대해 알게 된 점이 있습니다. 제가 보기에 당신은 약속을 지키는 분인 것 같습니다. 사실은 제 판단을 너무 확신하기에 도박을 해볼까 합니다. 제가 드리는 제안은 이렇습니다. 며칠 동안만 결정을 미루고 다시 한번 생각해보세요. 지금부터 월세 납부일인 다음 달 1일 사이에 다시 와서 여전히 이사하고 싶다고 말씀하시면 최종 결정으로 받아들이겠습니다. 이사할 수 있게 특혜를 드리고, 제 판단이 틀렸다는 사실을 인정하겠습니다. 하지만 여전히 저는 당신이 약속을 지키는 분이며 계약을 이행할 거라고 믿습니다. 결국 우리는 인간 아니면 원숭이죠. 선택은 우리에게 달려 있어요'라고 말했죠.

다음 달이 되었을 때 그 신사는 제게 와서 직접 월세를 지불했습니다. 그는 아내와 의논해본 결과 머물기로 했다고 하더군요. 계약을 이행하는 것이 옳은 일이라는 결론을 내린 거죠."

우리 모두가 가지고 있는 존중과 사랑에 호소하라

고인이 된 노스클리프 경(Lord Northcliffe, 영국의 언론인 — 옮긴이)은 원하지 않았는데 자기 사진이 실린 것을 알았을 때 편집장에게 편지를 썼다. 그런데 그가 "더 이상 내 사진을 쓰지 마세요. 싫습니다"라고 썼을까?

아니다. 그는 고상한 이유에 호소했다. 노스클리프 경은 우리 모두가 가지고 있는 모성에 대한 존중과 사랑에 호소했다. "제 사진을 더 이상 공개하지 않았으면 좋겠습니다. 저희 어머니가 싫어하십니다."

존 록펠러 주니어(John D. Rockefeller, Jr.) 역시 신문 사진기자들이 자기 아이들의 사진을 찍는 것을 원치 않았을 때 고상한 이유에 호소했다. 그는 "아이들의 사진이 실리는 것이 싫습니다"라고 말하지 않았다. 그는 아이들을 해치지 말아야 한다는 우리 모두의 마음속에 있는 욕구에 호소했다. "여러분도 아시잖아요. 여러분 중에도 자녀가 있는 분이 있겠지요. 그러면 어린아이들이 언론의 주목을 너무 많이 받는 것이 좋지 않다는 것도 아시잖아요."

현재 상황에 불만이라면 고상한 동기에 호소해보자

메인 주 출신의 가난한 소년이었던 사이러스 커티스(Cyrus H. K. Curtis, 미국의 잡지·신문 출판인—옮긴이)가 〈새터데이 이브닝 포스트(The Saturday Evening Post)〉와 〈레이디스 홈 저널(Ladies Home Journal)〉의 소유주로서 이후 자기를 백만장자로 만들어준 빛나는 경력을 막 시작하던 때 그는 다른 잡지들 수준으로 원고료를 지급할 여력이 없었다. 돈으로는 최고의 작가들을 고용할 수 없었던 그는 고상한 이유에 호소했다.

예를 들어 그는 『작은 아씨들』을 쓴 불멸의 작가인 루이자 메이 올컷(Louisa May Alcott)의 명성이 정점에 다다랐을 때 그녀를 설득했다. 그는 원고료 100달러를 그녀가 아닌 그녀가 좋아하는 자선단체에 기부했다.

여기서 회의론자들은 이렇게 말할 수 있다. "오, 그런 일은 노스클리프나 록펠러 또는 감상적인 소설가들에게나 가능한 일이죠. 보세요! 제가 돈을 받아내야 할 힘든 상대에게도 그 방법이 통하는지 보고 싶군요!"

당신 말이 맞을 수도 있다. 모든 경우에 적용되는 비법이란 없고,

모든 사람에게 효과가 있는 것도 아니다. 당신이 현재 상황에 만족한다면 바꿔야 할 이유도 없다. 하지만 만족하지 못하다면 실험해보는 것은 어떨까?

사람들을 설득하고 싶다면 열 번째 원칙을 따라보는 것도 좋다. '고상한 이유에 호소해보자.'

How to Win Friends
and Influence people

4부

기분 상하지 않게
그를 바꾸는 9가지 방법

Dale Carnegie

1장

그를 비판해야 한다면 칭찬으로 시작하라

칭찬부터 일단 건넨 후에 불쾌한 이야기를 꺼내라

친구 중 한 명이 캘빈 쿨리지(Calvin Coolidge, 미국의 제30대 대통령 ─ 옮긴이) 행정부 시절에 백악관에 일주일 동안 초대받은 적이 있었다. 그 친구는 어쩌다 보니 대통령의 개인 사무실에 들어가게 되었다가 쿨리지 대통령이 비서 중 한 명에게 이렇게 말하는 것을 들었다. "오늘 아침에 입은 드레스가 정말 멋졌어요. 당신은 정말 매력적인 여성입니다."

'조용한 캘(Silent Cal)'이라는 별명을 가졌던 쿨리지 대통령으로서는 비서에게 했던 최고의 칭찬이었을 것이다. 매우 이례적이고 예상치도 못했던 칭찬이어서 당황한 비서는 얼굴을 붉혔다. 그러자 쿨리지 대통령은 "너무 우쭐해하지는 말아요. 당신을 기분 좋게 하려고 한 말이에요. 이제부터는 문장부호에 신경 좀 써주기를 바랍니다"라고 말했다.

쿨리지의 방법은 다소 노골적이었지만, 거기에 담긴 심리작전은 훌륭했다. 장점에 대한 칭찬을 듣고 난 후에 불쾌한 이야기를 들으면 상대방이 받아들이기가 더 쉽게 마련이다.

면도하기 전에 거품을 칠하듯 비판하기 전에 칭찬하라

이발사는 면도하기 전에 손님 얼굴에 비누 거품을 칠한다. 1896년 대선에 뛰어든 윌리엄 매킨리(William McKinley)도 이 방법을 사용했다.

당시 공화당의 유명 정치인 한 명이 유세 연설문을 작성했는데, 그는 잔뜩 신이 나서 매킨리 앞에서 자신이 쓴 연설문을 큰 소리로 읽었다. 연설문에 괜찮은 내용이 있긴 했지만 그걸로는 부족했다. 매킨리는 그의 감정을 상하게 하고 싶지 않았고, 그의 열정을 꺾어버릴 수 없었다. 하지만 그 연설문에 대한 거절 의사는 밝혀야 했다.

이때 매킨리가 얼마나 노련하게 상황을 해결했는지 살펴보자. "정말 멋진 연설문이었습니다. 훌륭했어요. 누구도 이보다 더 잘 쓸 수는 없을 거예요. 아주 많은 상황에서 이 연설문의 내용이 정확히 맞아떨어질 거예요. 그런데 이번 상황에도 적절할까요? 당신의 관점에서 보면 아주 정상적이고 이성적인 연설문이겠지만, 저는 정당의 관점에서 연설문이 미치는 영향을 고려해야 합니다. 이제 집에 가서 제가 표시한 부분에 맞춰 연설문을 고친 후 저한테 사본을 보내주세요."

그 사람은 매킨리의 말을 따랐고, 매킨리는 연설문을 교정해서 수정본을 만드는 데 도움을 주었다.

칭찬으로 대화를 시작하고, 본론은 뒤에 꺼내라

당신은 이 원리를 일상적인 업무 관계에도 적용할 수 있을지 알고 싶을 것이다. 다음 사례로 한번 살펴보자.

필라델피아 워크 컴퍼니(Wark Company)의 W. P. 고우(W. P. Gaw)는 당신이나 나와 마찬가지로 평범한 사람이다. 그는 필라델피아에서 내 강의를 들었고, 수업 시간에 다음 이야기를 들려주었다.

워크 컴퍼니는 약속된 날까지 필라델피아에 대규모 사무용 건물을 짓기로 계약했다. 모든 일이 계획대로 진행되었고 건물이 거의 다 완공된 시점이었다. 그런데 갑자기 건물 외관을 장식할 구리 장식품을 만드는 외주업체가 기한에 맞춰 납품을 할 수 없다고 알려왔다. 말도 안 되는 일이다! 공사 전체가 지연되었다. 엄청난 위약금은 어떻게 할 것인가? 손실이 막대하다. 단 한 사람 때문에!

장거리 전화가 이어졌고, 언쟁이 벌어졌다. 언성이 높아졌지만, 아무 소용이 없었다. 결국 고우 씨가 호랑이를 잡기 위해 뉴욕에 있는 호랑이굴로 파견되었다. 고우 씨는 장식품 회사 사장의 사무실에 들어서면서 이렇게 말했다. "사장님, 브루클린에 사장님과 같은 이름을 가진 사람이 한 명도 없다는 사실을 아세요?"

사장은 놀라며 대답했다. "아니요, 몰랐습니다."

고우 씨는 말을 이어갔다. "오늘 아침에 기차에서 내려 주소를 찾으려고 전화번호부를 뒤졌습니다. 그런데 사장님 이름으로 나온 주소는 브루클린에 하나뿐이더군요."

사장은 흥미로운 듯 전화번호 책을 뒤져보았다. "전혀 몰랐습니다. 그러게요. 제 이름이 특이하긴 하죠." 사장은 자랑스러워하며 말했다. "제 가족은 네덜란드에서 이주 와서 뉴욕에 자리를 잡은 지 200년이 다 되었습니다."

사장은 몇 분 동안 자기 가족과 조상에 관한 이야기를 이어갔다. 그가 말을 마치자, 고우 씨는 공장 규모가 대단하다고 칭찬하면서 자기가 방문했던 비슷한 많은 공장보다 더 좋다고 말했다. "제가 본 구리 공장 중에 가장 깨끗하고 깔끔한 것 같습니다."

"이 일에 평생을 바쳤습니다." 사장이 말했다. "상당히 자랑스럽죠. 공장을 한번 둘러보실래요?"

공장을 구경하는 동안 고우 씨는 공장의 제작 방식을 칭찬했고, 경쟁사에 비해 어떤 면에서 왜 우수한지 언급했다. 고우 씨는 색다른 기계를 설명하고, 자기가 직접 발명한 기계라고 말했다. 그리고 그 기계가 어떻게 작동하는지, 얼마나 훌륭한 제품을 생산하는지를 상당 시간을 들여 사장에게 설명했다. 사장은 고우 씨에게 점심을 함께하자고 고집했다.

기억하자! 아직 고우 씨는 자기가 방문한 진짜 목적에 대해 한마디도 하지 않았다.

점심 식사 후 사장은 이렇게 말했다. "이제 일 이야기를 해보죠. 저를 왜 찾아오셨는지는 잘 알고 있습니다. 그런데 이렇게 즐거운 만남이 될 줄은 예상하지 했습니다. 계약했던 자재는 다른 주문을 미루더라도 약속한 날짜에 납품할 테니 마음 편히 필라델피아로 돌아가셔도 됩니다."

고우 씨는 요청하지 않고도 원했던 것을 모두 얻어냈다. 자재는 제시간에 도착했고, 건물은 계약 만기일에 완공되었다. 만약 고우 씨가 이런 상황에서 흔히 사용되는 강압적인 방법을 사용했다면 이런 멋진 결과를 얻을 수 있었을까?

기분을 상하게 하거나 분노하게 하지 않고 상대방을 바꾸는 첫 번째 원칙은 다음과 같다. '칭찬과 진심을 담은 인정으로 대화를 시작하라.'

2장

상대방의 실수를 간접적으로 지적하라

내지르지만 말고 세련된 비판 방식을 찾아보라

찰스 슈와브는 어느 날 오후 자신의 제철소 중 한 곳을 지나다가 직원 몇몇이 담배 피우는 모습을 우연히 보게 되었다. 그들의 머리 위에는 '금연'이라는 표시가 붙어 있었다. 슈와브는 그 표지를 가리키며 "읽을 줄 몰라요?"라고 말했을까? 오, 아니다. 슈와브는 그렇게 말하지 않았다.

그는 직원들에게 다가가 시가를 하나씩 나눠주며 말했다. "여러분, 이 시가는 밖에 나가서 피워줬으면 좋겠군요."

자기들이 규칙을 어겼음을 슈와브가 알고 있다는 사실을 직원들도 알았다. 슈와브는 이에 대해 아무 말도 하지 않았고, 오히려 그들에게 선물을 건네며 자기들이 중요한 사람이라고 느끼게 만들었다는 점에서 직원들은 그를 존경했다. 이런 사람을 어떻게 사랑하지 않을 수 있겠는가?

직접적인 비판이 능사가 아님을 알자

존 워너메이커도 찰스 슈와브와 같은 방법을 사용했다.

워너메이커는 매일 필라델피아에 있는 자기 백화점을 시찰했다. 한 번은 한 고객이 계산대에서 기다리는 모습을 보았다. 그런데 아무도 그 고객에게 관심을 기울이지 않고 있었다.

당시 판매직원들은 어디 있었냐고? 그들은 계산대 반대편 끝에 모여서 웃고 떠들고 있었다. 그럼에도 워너메이커는 아무 말도 하지 않고 살며시 계산대 뒤로 들어가 고객을 응대한 후에 상품을 판매직원들에게 포장하라고 건네주곤 떠났다.

에둘러 슬쩍 잘 암시하면 상대방도 알아듣는다

1887년 3월 8일, 화술이 뛰어났던 헨리 워드 비처(Henry Ward Beecher, 미국의 목사이자 노예 폐지 운동가—옮긴이)가 사망했다. 그다음 주 일요일에 리먼 애보트(Lyman Abott) 목사는 비처 목사가 떠난 빈자리를 대신해 설교를 맡게 되었다. 최선을 다해야겠다고 마음먹은 애보트 목사는 설교문을 계속 고쳐 쓰고, 꼼꼼하게 다듬었다. 그리고 완성된 설교문을 아내에게 읽어주었다. 설교문은 형편없었다.

아내가 판단력이 부족한 사람이었다면 이렇게 반응했을 것이다. "정말 형편없어요. 그 설교문으로는 안 돼요. 사람들이 지루해서 잘 거라고요. 백과사전을 읽는 것 같아요. 제발 사람이 말하는 것처럼 쓸 순 없어요? 왜 그렇게 부자연스러운 거예요?"

애보트의 아내는 그렇게 말하는 대신 그 설교문이 잡지에 실리기에 훌륭한 글이라고 칭찬했다. 애보트의 글을 칭찬하는 동시에 설교문으로는 적절하지 않음을 에둘러 슬쩍 암시한 것이다. 아내의 말뜻을 알아들은 리먼 애보트는 설교문을 수정했다.

기분을 상하게 하거나 분노하게 하지 않고 상대방을 바꾸는 두 번째 원칙은 다음과 같다. '상대방의 실수를 간접적으로 지적하라.'

3장

나 또한 문제가 많다고 겸손하게 이야기하라

비판하는 나 자신도 완벽한 사람이 아니라고 말하자

몇 년 전 내 조카 조세핀 카네기는 캔사스 시티(Kansas City)에 있는 집을 떠나 내 비서로 일하기 위해 뉴욕으로 왔다. 조세핀은 19세였고, 고등학교를 졸업한 지 3년밖에 되지 않아 직장 경력이 미미했다. 지금은 완벽한 비서 중 한 명이 되었지만, 처음에는 그나마 좋게 말해 발전 가능성이 큰 정도였다.

하루는 조카를 지적하려다가 나 자신에게 말했다. "잠깐, 데일 카네기. 넌 조세핀보다 나이가 두 배는 많잖아. 직장 경력은 천 배는 더 많을 거고. 그런데 어떻게 조세핀이 너의 관점과 판단력, 결단력을 갖기를 기대할 수 있지? 아무리 별 볼 일 없는 수준의 능력이라고 해도 말이야. 그리고 한번 생각해보자고. 너는 19세 때 뭘 했지? 네가 19세 때 저질렀던 어이없는 잘못과 멍청한 실수를 기억해봐. 이런 실수는 기억하니? 저런 실수는?"

이 문제에 대해 솔직하고 공정하게 충분히 생각해보고 나니 조세핀의 능력이 그녀의 나이 때 내 능력보다 낫다는 결론에 이르렀다.

그래서 그 후로 조세핀의 잘못을 지적하고 싶을 때는 이렇게 말을 꺼냈다. "네가 실수했구나, 조세핀. 그런데 내가 저질렀던 실수와 비교하면 별거 아니야. 처음부터 올바른 판단력을 가지고 이 세상에 태어난 사람은 없단다. 경험을 통해서만 얻을 수 있지. 너는 내가 네 나이였을 때에 비하면 아주 훌륭해. 내가 멍청하고 바보 같은 잘못을 너무 많이 저질러서 너뿐만 아니라 그 누구도 비판할 생각이 없단다. 하지만 이렇게 했다면 더 좋지 않았을까?"

비판하는 사람이 자신도 완벽한 사람과는 거리가 멀다고 먼저 겸손하게 인정한다면, 상대방이 당신의 잘못을 비판해도 그렇게 듣기 힘들지 않을 것이다.

비판하기 전에
내 잘못에 관해 먼저 이야기하자

일상에서 자신을 겸손하게 낮추고 상대방을 칭찬하는 몇 마디 문장이 당신과 나에게 어떤 놀라운 결과를 가져올지 한번 상상해보자. 이 방법을 지혜롭게 사용한다면, 인간관계에서 진정한 기적을 일으킬 수 있다.

기분을 상하게 하거나 분노하게 하지 않고 상대방을 바꾸는 세 번째 원칙은 다음과 같다. '상대방을 비판하기 전에 자기 잘못에 관해 먼저 이야기하자.'

4장

직접 명령을 내리지 말고 돌려서 제안하라

명령을 좋아하는 사람은 없으니 항상 제안하라

최근에 미국 최고의 전기 작가라 할 수 있는 아이다 타벨(Ida Tabell, 미국의 언론인 ― 옮긴이)과 저녁 식사를 할 기회가 있었다. 내가 이 책을 집필하는 중이라는 이야기가 나왔고, 우리는 '사람들과 잘 지내는 방법'이라는 중요한 주제로 논의하기 시작했다.

아이다 타벨은 오언 영(Owen D. Young, 미국의 법률가이자 기업가 ― 옮긴이)의 전기를 쓰면서 그와 3년간 함께 일했던 사람을 인터뷰했다고 말했다. 그녀와 인터뷰를 했던 그 사람은 자기가 겪은 3년 동안 영 씨가 다른 사람에게 직접 명령을 내리는 것을 한 번도 본 적이 없다고 전했다. 다른 사람에게 항상 제안을 했지만 명령을 내린 적은 없다고 했다.

예를 들어 영 씨는 다른 사람에게 '이렇게 하세요, 저렇게 하세요'라든가 '이렇게 하지 마세요, 저렇게 하지 마세요'라는 말은 하지 않았다. 그 대신 '이렇게 생각해보면 어떨까요?' 또는 '그렇게 하면 될까요?'라는 식으로 돌려서 말했다.

영 씨는 비서에게 편지를 받아쓰게 할 때도 '이 부분의 내용을 어떻게 생각합니까?'라고 물었다고 한다. 비서 중 한 명이 쓴 편지를 최종적으로 살펴본 후에는 '이런 식으로 다시 쓰면 더 나을 것 같습니다'라고 명령이 아닌 제안을 했다.

영 씨는 언제나 다른 사람에게 스스로 할 기회를 주었다. 비서들에게 무언가를 명령하거나 지시하지 않았다. 스스로 하게 두고 실수를 통해 배우게 했다.

저항하는 대신 협력하고 싶게 만들자

이 방법을 통해 사람들은 쉽게 잘못을 바로잡을 수 있다. 또한 개인이 자존심을 지키고 자신이 중요한 사람이라는 생각을 할 수 있게 한다. 그래서 저항하는 대신 협력하고 싶게 만든다.

기분을 상하게 하거나 분노하게 하지 않고 상대방을 바꾸는 네 번째 원칙은 다음과 같다. '직접 명령을 내리지 말고 돌려서 제안하라.'

5장

상대방의 체면을
반드시 세워줘야 한다

다른 사람들 앞에서
상대방을 비난하지 마라

몇 년 전 제너럴 일렉트릭(General Electric Company, GE)은 찰스 스타인메츠(Charles Steinmetz, 미국의 전기공학자—옮긴이)를 책임자의 자리에서 물러나게 해야 하는 매우 민감한 사안에 직면했다. 스타인메츠는 전기 분야에서는 거장이자 천재였지만 재무부서 책임자로서는 형편없었기 때문이다.

하지만 회사로서는 감히 스타인메츠의 체면과 기분을 상하게 할 수 없었다. 그는 쉽사리 대체할 수 없는 인물이었으며, 또한 대단히 예민한 사람이었다.

그래서 회사는 그에게 새로운 직함을 주었다. 그를 GE 자문 엔지니어로 임명했는데, 그가 이미 하고 있던 일에 새로운 명칭을 붙인 것이었다. 그리고 재무부서는 다른 사람에게 맡겼다. 이에 스타인메츠는 만족했다.

GE의 경영진도 만족했다. 그들은 가장 까다로운 스타 엔지니어를 조심해서 영리하게 다루었다. 그의 체면을 세워주어 아무 문제 없이 상황을 해결했다.

사람의 체면을 세워주는 일이란 얼마나 중요하고 또 중요한 일인가! 그런데도 우리 중에 이를 곰곰이 생각해본 사람은 아마 거의 없을 것이다.

우리는 다른 사람의 감정을 거칠게 다루고, 우리 마음대로 행동하고, 결점을 찾고, 위협하고, 다른 사람들 앞에서 아이들이나 직원을 비난한다. 다른 사람의 자존심에 상처를 준다는 생각은 하지 못한 채 말이다! 잠깐만 시간을 내어 생각해보면 사려 깊은 말 한두 마디, 다른 사람의 태도를 진심으로 이해하는 것만으로도 상한 마음을 누그러뜨릴 수 있다.

자기 승리에 도취되지 말고 상대의 체면을 세워주자

1922년, 수백 년에 걸친 격렬한 대립 끝에 튀르키예인들은 자기 영토에서 그리스인들을 영구히 쫓아내기로 결심했다. 무스타파 케말(Mustapha Kemal, 튀르키예 공화국의 초대 대통령 — 옮긴이)은 튀르키예 군에게 나폴레옹처럼 연설했다. "여러분의 목표는 지중해입니다." 그렇게 근대사에서 치열한 전쟁 중 하나가 시작되었고, 결과적으로 튀르키예가 승리했다. 그리스 장군인 트리쿠피스(Tricoupis)와 디오니스(Dionis)가 케말의 본부에 항복하러 갔을 때 튀르키예 사람들은 패전한 적들에게 욕을 퍼부었다.

하지만 케말의 태도에서는 승리의 흔적을 찾아볼 수 없었다. "앉으세요, 신사분들." 케말은 장군들의 손을 잡고 말했다. "피곤하시겠군요." 전투에 대해 상세하게 이야기를 나눈 후 케말은 그리스의 패배를 위로했다. 그는 군인 대 군인으로 말했다. "전쟁은 가장 뛰어난 사람도 때로는 가장 크게 패하는 게임입니다." 승리의 감격이 한창인 상황에서도 케말은 이 중요한 규칙을 잊지 않았다.

기분을 상하게 하거나 분노하게 하지 않고 상대방을 바꾸는 다섯 번째 원칙은 다음과 같다. '다른 사람의 체면을 세워주자.'

6장

아주 작은 발전에도
진심으로 칭찬하라

사소한 발전에도 칭찬하면 그는 계속 발전할 것이다

한때 피트 발로(Pete Barlow)를 알고 지냈었다. 피트는 개와 조랑말 공연을 하면서 평생 서커스와 유랑극단과 함께 돌아다녔다. 나는 피트가 공연을 위해 새로운 개를 조련하는 모습을 지켜보는 게 좋았다. 개가 조금이라도 발전하는 모습을 보이면, 피트는 개를 쓰다듬으며 칭찬했고, 고기를 주었고, 성공을 만들어냈다.

이는 새로운 일이 아니다. 동물 조련사들은 몇백 년 전부터 똑같은 방법을 사용해왔다.

나는 궁금해졌다. 왜 우리는 개를 변화시킬 때 사용한 방법을 사람을 변화시키는 데 사용하지 않는 걸까? 왜 채찍 대신 당근을 사용하지 않는 걸까? 왜 비난 대신 칭찬을 사용하지 않을까?

아주 작은 발전에도 칭찬하고, 계속 칭찬하자. 그러면 상대방은 계속 발전할 것이다.

칭찬이라는 마법이 보여주는 놀라운 기적을 믿어라

루이스 E. 로스 교도소장은 싱싱교도소의 흉악한 범죄자들도 사소한 발전에 칭찬해주면 효과가 있다는 사실을 발견했다. 이 장을 쓰는 동안 로스 교도소장에게서 편지를 한 통 받았다. "수감자들의 범죄에 대해 혹독하게 비판하거나 비난하기보다 그들의 노력에 대해 적절하게 인정하는 것이 그들의 협조를 얻어내고 궁극적인 재활을 성공시키는 데 도움이 된다는 사실을 발견했습니다."

나는 싱싱교도소에 수감되어본 적이 없다. 적어도 지금까지는. 하지만 내 인생을 돌이켜보면 몇 마디 칭찬이 내 미래를 완전히 바꾸었던 때가 언제인지 알 수 있다. 당신에게도 그런 경험이 있지 않은가?

사소한 발전에도 칭찬하고, 발전할 때마다 칭찬하라

역사는 칭찬이라는 마법이 보여주는 놀라운 예시로 가득하다. 문학계를 들여다봐도 그러하다.

여러 해 전에 런던에 작가가 되고 싶은 젊은이가 살고 있었다. 하지만 모든 상황이 그에게 불리해 보였다. 정규 교육은 고작 4년밖에 받지 못했고, 아버지는 빚을 갚지 못해 감옥에 갇혔다. 그 바람에 굶주림에 고통받는 날이 많았다. 결국 그는 쥐가 득실거리는 창고에서 구두약 병에 상표를 붙이는 일을 하게 되었고, 밤에는 런던 빈민가에 있는 두 명의 부랑아와 음침한 다락방에서 잠을 청해야 했다.

자기 재능에 자신이 없었던 이 젊은이는 비웃음을 사지 않기 위해 한밤중에 몰래 나와 자기가 쓴 첫 번째 원고를 출판사에 보냈다. 하지만 보내는 원고마다 거절을 당했다. 그런데 어느 날, 원고 하나가 채택되었다. 사실 그 작품으로 한 푼도 벌지 못했지만 한 편집자가 그를 칭찬했다. 그 편집자는 그를 인정해주었다. 인정을 받은 젊은이는 너무 기쁜 나머지 눈물을 흘리며 거리를 배회했다.

젊은이가 첫 작품을 통해 받은 칭찬과 인정이 그의 삶을 송두리째 바꾸었다. 만약 그때 얻은 용기가 아니었다면, 그는 쥐가 득실대는 공장에서 평생을 보냈을 것이다. 당신도 아마 그 소년의 이름을 들어봤을 것이다. 바로 찰스 디킨스(Charles Dickens, 영국의 소설가 — 옮긴이)다.

50년 전 런던의 한 포목점에서 점원으로 일하던 또 다른 소년이 있었다. 그는 새벽 다섯 시에 일어나서 가게를 청소하고, 하루에 열네 시간씩 노예처럼 일했다. 너무 힘들고 단조로운 일이어서 소년은 그 일을 몹시 싫어했다.

2년이 지나자 소년은 더 이상 견딜 수가 없었다. 그래서 어느 날 아침 일어나서 식사도 하지 않고 가정부로 일하고 있는 엄마에게 얘기하러 24킬로미터를 걸었다.

소년은 제정신이 아니었다. 엄마에게 사정하며 울며 그 가게에서 계속 일하느니 차라리 죽어버리겠다고 말했다. 그리고 자기가 다니던 학교의 교장 선생님에게 너무 괴로워 살고 싶지 않다는 내용의 절절한 편지를 보냈다.

편지를 받은 교장 선생님은 소년에게 정말 똑똑하다며 칭찬했고, 더 괜찮은 일자리가 어울린다며 그에게 교사 자리를 제안했다. 이 칭찬이 그 소년의 미래를 바꿨고, 영국 문학사에서 깊은 감동을 남겼다. 이후 소년은 77권의 책을 썼고 엄청난 돈을 벌었다. 당신도 그 소년의 이름을 들어보았을 것이다. 바로 H. G. 웰스(H. G. Wells, 과학소설로 유명한 영국의 소설가 — 옮긴이)다.

진심으로 인정하고 칭찬을 아끼지 마라

사람들을 변화시키는 일에 관해 이야기해보자. 만약 당신과 내가 누군가에게 영감을 주어 그 사람이 자기가 가진 보물을 깨닫게 된다면, 우리는 그 사람을 변화시키는 것 이상의 일을 해낼 수 있다. 그야말로 그 사람을 탈바꿈시킬 수 있다.

과장이라고 생각하는가? 그렇다면 미국에서 가장 뛰어난 심리학자이자 철학자였고, 지금은 고인이 된 하버드대학교의 윌리엄 제임스(William Jamse) 교수의 명언을 들어보자. "우리는 자신이 할 수 있는 것의 절반 정도만 활용하고 있다. 신체적·정신적 능력의 일부만 사용하고 있다는 의미다. 더 광범위하게 보자면, 개개인은 자신의 한계에 훨씬 못 미치게 살고 있다. 사람들은 다양한 능력을 지녔지만 늘 그 능력을 사용하지 못한다."

사람들은 다양한 능력을 갖추고 있지만 늘 그 능력을 사용하지 못한다. 우리가 최대한 사용하지 않고 있는 능력 중 하나는 다른 사람을 칭찬하고 그들의 잠재 능력을 일깨우는 마법과 같은 능력일 것이다.

기분을 상하게 하거나 분노하게 하지 않고 상대를 바꾸는 여섯 번째 원칙은 다음과 같다. '진심으로 인정하고 칭찬을 아끼지 마라.'

7장

그를 바꾸고 싶다면 좋은 평판을 부여하라

걸맞게 행동해야 할 평판을 상대방에게 부여하라

뉴욕 스카스데일 브루스터 로드 175번지에 살고 있는 내 친구 어니스트 겐트 부인은 도우미를 한 명 고용해서 월요일부터 근무하도록 했다. 그 사이에 이 도우미를 고용했던 여성에게 전화를 걸었다. 그런데 그녀에 대한 평판이 좋지 않았다.

도우미가 일하러 왔을 때 겐트 부인은 이렇게 말했다. "넬리, 며칠 전 당신이 일하던 집 안주인에게 전화를 걸었어요. 당신이 정직하고 믿을 수 있는 사람이라고 하더군요. 요리도 잘하고 아이들도 잘 돌본다고요. 하지만 덤벙대고 청소를 깨끗하게 하지는 못한다고 했어요. 제 생각에는 그분이 거짓말한 것 같아요. 옷차림이 깔끔한 걸 보면 알 수 있죠. 저는 당신이 옷 입은 만큼이나 단정하게 집을 청소할 거라고 믿어요. 우리는 잘 지낼 수 있을 거예요."

넬리는 평판에 걸맞게 행동해야 했고, 실제로 기대에 부응했다. 그녀는 집을 반짝반짝하게 깨끗이 유지했다. 상대방의 어떤 측면을 개선하고 싶다면, 그 측면이 이미 상대방의 뛰어난 장점인 것처럼 행동해라. 그 사람에게 걸맞게 행동해야 할 평판을 부여하면, 그 사람은 당신을 실망시키지 않기 위해 엄청난 노력을 쏟을 것이다.

심지어 개에게도 좋은 이름을 붙여라

헨리 클레이 리스너(Henry Clary Risner, 미국의 정치인 — 옮긴이)도 프랑스에 주둔하는 미군 보병들의 행동을 개선하고자 같은 방법을 사용했다. 미국에서 가장 인기 있는 장군 중 하나였던 제임스 G. 하보드(James G. Harbord) 장군은 리스너에게 프랑스에 있는 200만 명의 보병이 자신이 듣고 만난 군인 중 가장 깨끗하고 이상적이라고 말했다.

너무 과한 칭찬이라고 생각하는가? 그럴 수도 있다. 하지만 리스너가 이 칭찬을 어떻게 사용했는지 보자.

"나는 병사들에게 하보드 장군이 했던 칭찬을 전해주었다"라고 리스너는 말했다. "그 칭찬이 진실인지 아닌지는 전혀 생각해보지 않았지만 사실이 아니었더라도 병사들이 하보드 장군의 의견을 알게 되면 그 수준을 맞추기 위해 노력할 거라는 사실을 알았기 때문이다."

이런 속담이 있다. "개에게 안 좋은 이름을 붙이면 그 개를 매달고 싶어질 것이다." 그 대신 개에게 좋은 이름을 붙여주자. 그리고 어떤 일이 벌어지는지 보자.

정직하다고 말해주면
그 평판에 부응하려 한다

대부분의 사람들은 부자든, 가난한 사람이든, 거지든, 도둑이든 자기에게 주어진 정직하다는 평판에 부응하려 한다. 싱싱교도소장 워든 로스도 그렇게 말했다. "사기꾼을 상대해야 한다면 상대방을 이길 방법은 단 하나뿐이다. 그를 고귀한 신사인 것처럼 대하라. 그 사람이 당연히 그런 대우를 받아야 하는 사람인 것처럼 행동하라. 그러면 그런 대우를 받았다는 데 기분이 좋아져서 기대에 부응하려 할 것이고, 누군가가 자기를 믿어준다는 사실에 자부심을 갖게 될 것이다."

따라서 기분을 상하게 하거나 분노하게 하지 않고 상대방을 바꾸는 일곱 번째 원칙은 다음과 같다. '상대방이 부응하고 싶어 할 만한 평판을 부여하라.'

8장

고치기 쉬운 잘못인 것처럼 보이게 하라

잘한 부분은 계속 칭찬하고,
실수는 작게 보이게 하라

얼마 전 미혼이었던 친구가 마흔이 다 되어 약혼을 했다. 약혼녀는 늦었지만 춤 강습을 받아보지 않겠냐고 그를 설득했다.

그 친구는 내게 이렇게 털어놓았다. “내가 춤 강습을 받게 될지 누가 알았겠어. 사실 20년 전에 춤을 배운 적이 있었지. 첫 번째 춤 선생님이 솔직하게 내게 말해줬어. 내 춤 실력이 엉망이라고. 배운 걸 다 잊고 처음부터 다시 배워야 했지. 하지만 이미 완전히 자신감을 잃었고, 춤출 동기도 사라졌지. 그래서 강습을 그만뒀어.

그다음 선생님은 내게 거짓말을 했을 수도 있어. 하지만 듣기 좋았지. 선생님은 내 춤이 약간 구식이지만 기초 실력은 괜찮다고 무심한 듯 얘기했지. 그리고 쉽게 몇 가지 스텝을 배울 수 있을 거라 말했어. 첫 번째 선생님은 내 실수를 강조하는 바람에 나를 낙담시켰지만 새로운 선생님은 정반대로 가르쳤어. 내가 잘한 부분을 계속 칭찬하고, 실수는 작게 보이게 했지.

어쨌든 그 선생님이 내게 타고난 춤꾼이라고 말하지 않았다면 지금만큼 춤을 추지도 못했을 거야. 그 말이 내게 용기와 희망을 줬지. 더 잘하고 싶은 마음이 생겼어.”

격려를 아끼지 않고, 그 일이 쉬운 것처럼 보이게 하라

아이나 남편이나 직원에게 어떤 일을 못 해서 멍청하다고, 재능이 없다고, 엉망이라고 말해보자. 그렇게 말하면 개선하고 싶은 모든 의욕을 사라지게 할 것이다. 대신에 반대 방법을 사용해보자. 격려를 아끼지 않고, 그 일이 하기 쉬운 것처럼 보이게 하고, 상대방이 그 일을 할 수 있는 능력이 있고 아직 재능이 다 계발되지 않았을 뿐임을 당신이 믿고 있다고 느끼게 하라. 이 방법이 바로 로웰 토머스(Lowell Thomas)가 내게 사용했던 방법이다.

나는 최근에 토머스 부부와 주말을 함께 보냈다. 토요일 저녁, 그들은 타오르는 모닥불 앞에서 내게 친선 브리지 게임을 하자고 제안했다. 나는 말했다. "오, 아니에요! 괜찮아요! 저는 브리지에 관해 아는 것이 없어요. 이 게임은 늘 내겐 이해할 수 없는 미스터리였어요."

"아니, 데일. 어렵지 않아요." 로웰이 내게 말했다. "기억력과 판단력만 있으면 돼요. 기억력에 관한 글을 쓴 적도 있잖아요. 브리지는 당신에게 식은 죽 먹기일 거예요. 당신에게 딱 맞는 게임이에요."

그 말에 놀랍게도 나는 난생 처음 브리지 테이블 앞에 앉아 있었다. 내게 재능이 있다는 말을 들었고, 게임이 쉽게 보였기 때문이다.

그 누군가의 격려가 한 사람의 인생을 바꾼다

브리지 게임을 이야기하다 보니 엘리 컬버트슨(Ely Culbertson, 미국의 유명한 브리지 선수—옮긴이)이 생각난다. 컬버트슨은 "한 젊은 여성이 자기에게 재능이 있다고 확신을 주지 않았다면 브리지를 직업으로 삼지 않았을 것입니다"라고 말한 적이 있다.

컬버트슨이 1922년 미국에 왔을 때 철학과 사회학을 가르치려고 했지만 일자리를 구할 수가 없었다. 그래서 석탄을 팔아보려 했지만 실패했다. 다음에는 커피를 팔아보려 했지만 또 실패했다. 그는 그 당시에 브리지 게임을 가르쳐야겠다는 생각은 하지 못했다. 게임을 잘 하지 못했을 뿐 아니라 질문을 너무 많이 했고, 게임 후에 너무 많이 복기하는 바람에 아무도 그와 게임을 하고 싶어 하지 않았다.

그러던 중 컬버트슨은 조세핀 딜런(Josephine Dillon)이라는 아름다운 브리지 선생님을 만나 사랑에 빠졌고, 결혼까지 했다. 그녀는 컬버트슨이 그가 브리지 게임 천재일 수 있다고 설득했다. 컬버트슨은 그 격려 덕분에 브리지 게임을 직업으로 삼게 되었다고 말했다.

따라서 기분을 상하게 하거나 분노하게 하지 않고 상대방을 바꾸는 여덟 번째 원칙은 다음과 같다. '격려하라.'

9장

당신이 제안한 일을
그가 기꺼이 할 수 있게 하라

거절마저도 세련되면
상대를 기분 좋게 만들 수 있다

유명 출판사인 더블데이 페이지(Doubleday Page)는 항상 다음의 원칙을 따른다. '당신이 제안한 일을 상대방이 기분 좋게 할 수 있도록 하라.'

이 출판사가 이 원칙을 너무 잘 따른 덕에, 오 헨리(O. Henry, 미국의 소설가 — 옮긴이)는 다른 출판사에서 자기 소설을 수락했을 때보다 더블데이 페이지에서 거절당했을 때 기분이 더 좋았다고 말한 적이 있다. 그만큼 더블데이 페이지에서 출간 거절을 정중하게 한 것이다.

내 지인 중에는 많은 연설 초청과 친구들의 초대, 심지어 반드시 참석해야 하는 초대마저도 거절해야 하는 사람이 있다. 그런데 그의 거절 솜씨가 워낙 능숙해서 상대방이 그의 거절에 기분이 나쁘기는 커녕 만족할 정도였다.

그는 어떻게 그렇게 할 수 있었을까? 그는 상대방에게 너무 바쁘고, 이런저런 이유가 있다고 설명하지 않았다. 그렇게 거절의 이유를 설명하기보다는, 초대에 감사하고 초대에 응하지 못해서 미안한 마음을 전한 후 자기를 대신할 연설자를 추천했다. 다시 말해 그는 상대방이 거절당해서 기분 나빠할 시간을 주지 않았다. 곧바로 대신할 다른 연설자에 관해 상대방이 생각하게 했다.

가령 그는 이런 식으로 제안했다. "제 친구인 〈브루클린 이글(Brooklyn Eagle)〉의 편집장 클리브랜드 로저스(Cleveland Rodgers)는 어떨까요? 아니면 기 히콕(Guy Hickok)은 생각해보셨나요? 그 사람은 파리에서 15년이나 살아서 유럽 특파원으로서 경험한 재미있는 이야기가 많을 거예요. 아니면 리빙스턴 롱펠로우(Livingston Longfellow)는 어떠세요? 인도에서 맹수를 사냥하는 영화를 찍었어요."

권한을 주는 방법을 통해 기분 좋게 일하게 하라

뉴욕에서 가장 큰 후븐(Hooven) 글자 및 사진 오프셋 인쇄업체인 J. A. 원트(J. A. Want Organization)의 대표 J. W. 원트는 한 기계공의 기분을 상하지 않게 하면서 그의 태도와 요구를 바꿔야 하는 상황에 놓였다. 그의 업무는 여러 대의 타자기와 열심히 돌아가는 기계가 끊임없이 순조롭게 돌아가도록 유지하는 것이었다. 그는 항상 업무시간이 너무 긴 데다 업무량이 너무 많아서 보조가 필요하다고 불평했다.

J. A. 원트는 조수를 붙여주지도 않았고, 업무시간과 업무량을 줄여주지도 않았지만 기계공을 행복하게 만들었다. 어떻게 그런 일이 가능했을까? 그는 기계공에게 개인 사무실을 내주었다. 사무실 문에는 그의 이름과 함께 '서비스부 부장'이라는 직함이 붙어 있었다.

그는 이제 더 이상 아무에게나 지시받는 수리공이 아니었다. 그는 이제 한 부서의 부서장이었다. 그는 권위를 갖게 되었고, 인정받았으며, 자기가 중요한 사람이라는 느낌을 받았다. 그리고 불평 없이 행복하게 일할 수 있었다.

유치하다고 생각하는가? 그럴 수도 있다. 하지만 나폴레옹이 레지옹 도뇌르 훈장(Legion of Honor)을 제정해 1,500명의 병사에게 수여하고, 장군 중 18명을 '프랑스 원수'로 삼고, 자기 군대를 '위대한 군대'라고 불렀을 때도 사람들은 유치한 일이라고 했었다. 사람들은 나폴레옹이 참전용사들에게 '장난감'이나 나눠주고 있다고 비난했지만 나폴레옹은 "남자는 장난감의 지배를 받는다"라고 대답했다.

나폴레옹은 작위와 권한을 주는 방법을 통해 효과를 거두었다. 이 방법은 당신에게도 적용된다. 예를 들어 겐트 부인은 뛰어다니면서 잔디를 망치는 아이들 때문에 골치가 아팠다. 그녀는 아이들을 혼내기도 하고 달래기도 했지만 아무 효과가 없었다. 그래서 그 아이들 중에 가장 문제아에게 직함과 권한을 주었다. 아이에게 '탐정'이라는 직함을 주고 잔디밭을 무단침입하는 사람을 감시하는 역할을 맡겼다. 그녀는 이 방법으로 문제를 해결할 수 있었다. '탐정'은 뒷마당에 모닥불을 피우고 쇠를 뜨겁게 달군 후 잔디를 밟는 사람은 쇠로 지지겠다고 협박했다.

인간의 본성은 본래 그렇다. 따라서 기분을 상하게 하거나 분노하게 하지 않고 상대방을 바꾸는 아홉 번째 원칙은 다음과 같다. '당신이 제안한 일을 상대방이 기분 좋게 할 수 있도록 하라.'

★ 메이트북스는 독자의 꿈을 사랑합니다.

살아갈 힘을 주는 쇼펜하우어 아포리즘

쇼펜하우어의 인생 수업

아르투어 쇼펜하우어 지음 | 14,900원

행복과 인생의 본질, 인간관계의 본질, 학문과 책의 본질 등 인생 전반에 대한 쇼펜하우어의 직설적인 조언을 담은 인생 지침서다. 쇼펜하우어는 이 책에서 인생은 고통 그 자체지만 이 고통이 살아갈 힘을 준다고, 부는 행복에 큰 영향을 끼치지 않는다고, 남에게 평가받기 위해 인생을 낭비하지 말라고, 불행은 혼자 있을 수 없는 데서 생기기에 인간은 고독해야 한다고 전한다.

사람의 마음을 움직이는 38가지 설득 요령

쇼펜하우어의 내 생각이 맞다고 설득하는 기술

아르투어 쇼펜하우어 지음 | 값 13,500원

이 책은 대화하는 사람들의 내면에 잠재된 인간 본성을 들춰냄으로써 인간의 오류를 예리하게 지적한다. 나아가 논리학에서 다루는 쟁점 사항인 객관적인 진리에 도달하기 위해, 궁극적으로 상대로부터 몰아치는 공격에서 허위와 기만의 낌새를 포착하고 그것에 적절히 대처할 수 있어야 한다고 당부한다. 이 책은 그러한 위험 신호를 감지하는 민첩성과 예민함을 길러주는 훌륭한 지침서가 되어줄 것이다.

우리는 어떻게 살아야 하는가

발타자르 그라시안의 인생 수업

발타자르 그라시안 지음 | 15,000원

이 책은 스페인의 대철학자 발타자르 그라시안의 인생에 대한 뛰어난 통찰력과 인간관계의 본질에 대한 직설적인 조언을 담은 인생지침서다. 발타자르 그라시안은 좋은 사람인 척 살아가기보다는 세상의 본질을 알고 지혜를 갖출 때 내 삶은 행복해진다는 메시지를 전하고 있다. 이 책에서 만날 수 있는 현명하고 솔직한 직언으로 자기 자신의 모습을 되돌아보며 삶을 살아갈 힘을 얻어보자.

살아갈 힘을 주는 세네카 아포리즘

세네카의 인생 수업

루키우스 안나이우스 세네카 지음 | 값 14,500원

세네카가 남긴 12편의 에세이 중 대중들에게 가장 널리 알려진 6편의 에세이를 한 권으로 엮어 펴낸 책이다. 편역서의 특성상 현대의 독자들이 이해하기 힘들거나 시대적·역사적·문화적으로 거리가 먼 내용들은 과감히 삭제하고, 현대인들이 실질적으로 자신들의 삶에 적용할 수 있을 만한 핵심 내용만을 추려 간결하고 압축된 형식으로 소개한다.

인간에 대한 위대한 통찰

몽테뉴의 수상록

미셸 몽테뉴 지음 | 값 12,000원

가볍지도 과하지도 않은 무게감으로 몽테뉴는 세상사의 다양한 주제들에 대해 본인의 견해를 자신 있고 담담하게 풀어낸다. 이 책을 읽으며 나의 판단이 바른지, 내가 지금 제대로 살고 있는지, 앞으로 어떻게 살아야 하는지 등을 수없이 자문해보자. 원초적인 동시에 삶의 골자가 되는 사유를 함으로써 의식을 환기하고 스스로를 성찰하며 인생의 전반에 대해 배우는 계기가 될 것이다.

어떻게 살아야 행복할 수 있는가

톨스토이의 인생론

레프 톨스토이 지음 | 값 11,000원

레프 톨스토이는 세계적인 대문호이자 위대한 사상가이기도 하다. 그는 인생에 대해 끊임없이 고뇌하고 거기서 얻은 사상을 현실에서 구현하려고 노력했다. 15년에 걸쳐 집필한 결과물이 바로 이 책『인생론』이다. 이 책은 톨스토이가 직접 쓴 글은 물론이고 동서양을 막론한 수많은 작품과 선집에서 톨스토이가 직접 선별한 내용을 담고 있다. 인생의 지혜를 톨스토이 특유의 짧고 간결한 문장으로 만나볼 수 있을 것이다.

자신과 마주하고 지혜롭게 살아가기

아우렐리우스의 명상록

마르쿠스 아우렐리우스 지음 | 값 11,000원

마르쿠스 아우렐리우스는 로마제국을 20년 넘게 다스렸던 16대 황제다. 그는 로마에 있을 때나 게르만족을 치기 위해 진영에 나가 있을 때 스스로를 반성하고 성찰하는 내용을 그리스어로 꾸준히 기록했다. 그 결과물이 바로『명상록』이다. 마음가짐을 어떻게 가져야 하는지, 삶과 죽음에 대한 바람직한 태도는 무엇인지, 변하지 않는 세상의 본질은 무엇인지 등을 들려주고 있어 곱씹고 음미하면서 책장을 넘기게 될 것이다.

자기를 온전히 믿고 살아가라

에머슨의 자기 신뢰

랠프 월도 에머슨 지음 | 값 12,000원

이 책은 인간이 자기 신뢰를 기초로 행동함으로써 더 나은 성취를 이룰 수 있다는 깊은 통찰이 담긴 에세이다. 에머슨은 '자신을 믿는 사람은 세계에서 가장 강한 사람'이라고 말한다. 자기 신뢰를 실천하면 내 안에 잠들어 있던 놀라운 힘을 발견하게 된다는 것이다. 이 책을 읽는 독자는 자신을 믿고 자신의 능력에 자부심을 가짐으로써 더 큰 성공을 얻고 만족스러운 삶을 살아갈 수 있을 것이다.

■ 독자 여러분의 소중한 원고를 기다립니다

메이트북스는 독자 여러분의 소중한 원고를 기다리고 있습니다. 집필을 끝냈거나 집필중인 원고가 있으신 분은 khg0109@hanmail.net으로 원고의 간단한 기획의도와 개요, 연락처 등과 함께 보내주시면 최대한 빨리 검토한 후에 연락드리겠습니다. 머뭇거리지 마시고 언제라도 메이트북스의 문을 두드리시면 반갑게 맞이하겠습니다.

■ 메이트북스 SNS는 보물창고입니다

메이트북스 홈페이지 www.matebooks.co.kr

책에 대한 칼럼 및 신간정보, 베스트셀러 및 스테디셀러 정보뿐만 아니라 저자의 인터뷰 및 책 소개 동영상을 보실 수 있습니다.

메이트북스 유튜브 bit.ly/2qXrcUb

활발하게 업로드되는 저자의 인터뷰, 책 소개 동영상을 통해 책에서는 접할 수 없었던 입체적인 정보들을 경험하실 수 있습니다.

메이트북스 블로그 blog.naver.com/1n1media

1분 전문가 칼럼, 화제의 책, 화제의 동영상 등 독자 여러분을 위해 다양한 콘텐츠를 매일 올리고 있습니다.

메이트북스 네이버 포스트 post.naver.com/1n1media

도서 내용을 재구성해 만든 블로그형, 카드뉴스형 포스트를 통해 유익하고 통찰력 있는 정보들을 경험하실 수 있습니다.

STEP 1. 네이버 검색창 옆의 카메라 모양 아이콘을 누르세요. STEP 2. 스마트렌즈를 통해 각 QR코드를 스캔하시면 됩니다.
STEP 3. 팝업창을 누르시면 메이트북스의 SNS가 나옵니다.